A Study of the Marine Liability Insurance System

海上责任保险制度研究

林翠珠 著

·广州·

版权所有　翻印必究

图书在版编目（CIP）数据

海上责任保险制度研究 / 林翠珠著. -- 广州：中山大学出版社, 2025. 8. -- ISBN 978-7-306-08481-1

Ⅰ. D912.280.4

中国国家版本馆 CIP 数据核字第 2025HV1317 号

HAISHANG ZEREN BAOXIAN ZHIDU YANJIU

出 版 人：	王天琪
策划编辑：	张　蕊
责任编辑：	刘　婷
封面设计：	曾　婷
责任校对：	陈　颖
责任技编：	靳晓虹
出版发行：	中山大学出版社
电　　话：	编辑部　020-84110283，84111996，84111997，84113349
	发行部　020-84111998，84111981，84111160
地　　址：	广州市新港西路135号
邮　　编：	510275　　　　　　　传　真：020-84036565
网　　址：	http://www.zsup.com.cn　E-mail：zdcbs@mail.sysu.edu.cn
印 刷 者：	广州一龙印刷有限公司
规　　格：	787mm×1092mm　1/16　12.25印张　　211千字
版次印次：	2025年8月第1版　2025年8月第1次印刷
定　　价：	50.00元

如发现本书因印装质量影响阅读，请与出版社发行部联系调换

序 一

欣闻林翠珠博士的新著《海上保险责任制度研究》即将付梓,展读其稿,倍感欣喜。这部专著聚焦海上保险责任制度,探讨其困境、追溯其缘由、展望其趋势,并对其改革路径进行检验,不仅体现了作者深厚的学术功底和严谨的治学态度,更彰显了青年一代学者对海商法事业的热忱与担当。

海上保险作为航运事业的基石与保障,其法律制度的完善与发展,始终是海商法学界与实务界关注的核心议题。近年来,随着全球航运格局的深刻变革、新技术的不断涌现以及各类新型风险的交织叠加,传统的海上保险责任制度在实践中面临前所未有的挑战。法律条文的滞后性、责任认定的复杂性以及风险分配的失衡等问题,成为当前制度的"困境"。如何破解这些困境,推动制度的现代化转型,不仅是理论研究的难点,更是关乎我国从航运大国迈向航运强国建设的重大实践课题。

林翠珠博士的这部著作,正是在此背景下应运而生的一部力作。她没有停留在对既有规则的简单梳理或判例的机械分析,而是以宏阔的视野和精准的剖析,深入探究了制度困境背后的深层次"缘由"。从历史沿革的路径依赖,到不同法系间的冲突与融合,再到保险市场与航运实务的动态博弈,作者层层递进,为我们清晰地勾勒出现行制度的来路与现状,其论证之扎实、思辨之深入,令人印象深刻。

尤为可贵的是,本书并未止步于问题的揭示,而是将更多的笔墨投入到对未来的求索之中。作者紧扣海上保险法的最新"改革趋势",对域外先进的立法经验与司法实践进行了系统性的比较研究。在此基础上,她结合中国航运与保险市场的实际情况,提出了具有前瞻性和本土适应性的改革构想。这些构想不仅回应了实务界的迫切需求,更对《中华人民共和国海商法》的修改工作提供了极具价值的参考与借鉴。书中对改革方案的"检验"部分,充分展现了作者理论联系实际的学风，通过对不同方案的利弊权衡与可行性分析，使其政策建议更具科学性与说服力。

作为参与《中华人民共和国海商法》修改工作八年的实践者，我深切体会到这项工作的复杂性与艰巨性。每一条规则的变动，都牵动着航运、贸易、保险、金融等多个领域的利益格局。我们需要的，正是如林翠珠博士这般能潜心钻研、勇于创新的研究者及其学术成果，它们能为立法完善提供坚实的智力支持。

这部著作的出版，对于海商法专业的师生、从事航运与保险业务的法律实务工作者，乃至所有关心中国航运事业发展的朋友们而言，都将是一次有益的智识飨宴。它不仅是一部高质量的学术专著，更是一座连接理论与实践、现在与未来的桥梁。

是为序，并衷心祝贺该书出版，期待林翠珠博士在事业路上取得更加丰硕的成果！

初北平

2025年6月23日

序 二

在书斋的案头，目睹这部书稿从最初的构思、反复的论证，到最终成形的字字句句，如同见证一粒精心选育的种子，在沃土中栉风沐雨，最终破土而出，绽放出独特而坚韧的理性之花。值此林翠珠博士《海上责任保险制度研究》一书即将付梓之际，我怀着由衷的欣喜与自豪，欣然提笔作序。

作为林翠珠博士的导师，我不仅见证了该书的诞生，更见证了她在学术道路上的成长与蜕变。从初入中南财经政法大学时的青涩探索，到如今能够独立完成如此厚重且有深度的研究，她所展现的学术韧性、独立思考能力和对真理的不懈追求，令人欣慰，更让人对其未来的学术发展充满期待。在我指导的博士研究生中，林翠珠博士以敏锐的问题意识、扎实的理论功底、严谨的治学态度、勇于探索的批判精神、出色的文献驾驭能力与独特的跨学科视角，给我留下了深刻印象。《海上责任保险制度研究》一书正是她在博士学位论文的基础上，经过数年潜心钻研、孜孜以求最终结出的硕果，是其学术能力与独立思考精神的集中呈现。

该书聚焦于海上责任保险制度在新科技时代背景下的发展和难题突破，这一议题不仅具有重要的理论价值与实践意义，更为《中华人民共和国海商法》《中华人民共和国保险法》的修订提供了一定的参考和借鉴。通览全书，我认为其主要贡献体现在以下两个方面：第一，《中华人民共和国海商法》中的责任保险应该属于《中华人民共和国保险法》的特别规定，关于两部法律之间如何协调、如何衔接，《中华人民共和国海商法》如何根据《中华人民共和国保险法》回应航运发展背景下责任保险的新挑战等问题，该书均做出了翔实的分析；第二，该书重视梳理了海上责任保险的历史发展脉络，并结合了许多英美法系国家的判例做出了进一步的分析。同时，该书在批判继承域外法经验的基础上，提出了许多引人深思和令人称叹的新观点。

《海上责任保险制度研究》一书的问世，不仅是对林翠珠博士个人学术能力的肯定，亦是中南财经政法大学国际法学院涉外法治人才培养的重要成果。我相信，该书的出版必将为海上保险制度研究注入新的活力，引发学界更深入的探讨与思考，并对海上责任保险制度的发展产生积极而深远的影响。

看到林翠珠博士在学术领域取得显著进步与突破，是为人师者最大的欣慰与骄傲。我衷心祝贺《海上责任保险制度研究》一书的出版，并热忱地向学界同人及广大读者推荐这部凝聚了心血与智慧的力作。特别期待林翠珠博士在未来的学术探索中继续深耕不辍、勇攀高峰，为我国航运法事业发展贡献更多力量！

是为序。

张伟功

中南财经政法大学国际法学院

2025 年 7 月 25 日

前　言

随着海上贸易的迅速发展，其带来的潜在责任风险正受到世界各国的关注。近年来，多起大型的海事事故不仅对船舶所有人的责任承担能力提出了严峻挑战，还引发了人们对海上责任保险制度改革问题的深度思考。

就性质而言，海上责任保险本身具有海上保险、责任保险、商人保险等属性，并具有国际性、多样性、强制性和商人性等特征。海上责任保险中的责任主要可以分为人身伤害所产生的责任和财产损失所产生的责任。由于海上责任保险制度具备填补损害的特性，因而其也具有提高海上贸易信用程度、保护海上贸易人、保护受害第三人的功能。在历史的发展上，海上责任保险制度始于1814年的一起船舶碰撞案。在1855年英国船东互保协会成立后，海上责任保险的保险范围由单一的船舶碰撞责任逐渐扩及人身伤亡责任、货物责任、油污染责任等，承保的种类也开始逐渐增多。英国《1906年海上保险法》（Marine Insurance Act 1906）的颁布，标志着海上责任保险首次在法律层面完成了制度和规则的设计。自此，海上责任保险制度中相关责任条款日臻完善，责任保险的功能得以有效实现，为海上责任保险的发展提供了规范层面的基础保障。

海上责任保险合同具有双务性、有偿性、诺成性、射幸性、对人性、附合性、非要式性等特征。这些特征决定了海上责任保险在权利义务的构造上有别于一般合同，不仅要注重对被保险人的保护，还要加强对受害人的利益维护。其合同条款的设计要注重对道德风险的防范与控制。尽管保险人和被保险人作为保险合同的当事人，依据合同的相对性原理，承担相应的权利义务，但是海上责任保险合同中尤其关注被保险人和受益人的请求权。

海上责任保险的立法及实践活动呈现出如下三个特点：一是强制保险的广泛应用，二是责任保险产品保障范围的扩大，三是第三人对责任保险人的直接请求权制度。作为世界上第一个制定海上保险法的国家，英国对海上责任保险制度也进行了重大改革。英国《1995年商船航运法》（Merchant Shipping Act 1995）对船舶损失的赔偿责任进行了限制，而且将适用的船舶范围不断延伸。其第三章以专章的形式规定了油污责任。其第163条详细地规定了油污责任强制保险，并规定了油污责任强制保险适用的船舶类型，即需要同时满足两个条件：装载量在2000吨以上以及装载货物为散装油类货物。英国《2010年第三人权利法》则更为细致地作出了第三人获得对保险人的直接请求权的条件、范围和被保险人的通知义务等操作性规定。而英国2015年修改的《2015年保险法》对"合理告知义务"做了进一步改革，要求投保人尽可能告知保险人与投保事项紧密关联的重要信息，同时规定，保险人应当主动了解投保事项，被保险人履行告知义务并不等同于免除保险人的职责。在整体上，英国海上责任保险的强制范围不断扩大，更加注重对被保险人的保护。在美国，海上责任保险制度开端于《1851年船舶所有人责任限制法》。但随着时代的发展，其责任限额较小等缺陷也逐渐凸显出来。对此，美国各州相继开展了对海上责任保险制度的改革进程。各州通过立法或案例逐渐确定了第三人的直接请求权。美国1990年通过的《1990年油污法》，大幅度地提高了船舶油污损害赔偿的额度，建立起了颇具里程碑意义的"两重赔偿主体机制"。美国在司法领域中还确立了最大诚信原则和保险法律适用的规则。意大利和日本等国家，也开展了海上责任保险制度的改革。在国际上，《1976年海事赔偿责任限制公约》采用了"事故制度"和超额递减的"金额制度"，限制了赔偿责任主体的责任。但是，该公约中规定的责任限额在当今环境下已经明显偏低，无法实现对受害第三人的全面充分赔偿。对此，《1974年海上旅客及其行李运输雅典公约2002年议定书》（以下简称《雅典公约2002年议定书》）在《1976年海事赔偿责任限制公约》的基础上作了较大修订，引入了双层责任基础机制，并采用了承运人责任保险的形式，在海事运输主体之中，以承运人为核心，要求首先明确承运人的责任形式与范围，再对承运人的责任进行投保。

引发上述海上责任保险改革的原因在于：其一，各国在侵权法上的改革，使得海上贸易的主体承担责任的风险更高；其二，海上责任保险在产品范围上，由于受到非强制性的影响，难以得到有效扩展，对于出现的诸如海盗问题、难民问题、污染问题等缺少具有针对性的保险产品，从而引发在风险应对上的危机；其三，海上贸易所产生的对不特定受害人的保护逐渐为世界各国所重视，但是在海上责任保险制度中，受害人对保险人的直接请求权、保险事故发生的界定、保险责任限额的现状都难以满足对受害人进行保护的要求。

当前海上责任保险改革面临不少困境，引发这些困境的原因主要分为内部和外部两方面。内因主要有：第一，海上责任保险制度虽然具有较强的公共政策的属性，但是仍然具有射幸性，这使得责任保险的保障范围难以扩大；第二，责任保险在确定和控制风险的问题上具有非唯一性，这使得责任保险能够在很大程度上将特定危险类型排除在保障范围之外；第三，责任保险本身存在一定的局限性，扩大海上责任保险保障的范围，可能会导致被保险人道德风险上升。外因主要有：第一，航海技术的提高使得传统意义上的海上事故已经大幅减少；第二，由于技术的发展，海上事故出现了如危险物泄漏等新的形式；第三，海上保险制度的价值追求逐渐从获取商业利益转向承担更为广泛的社会责任。

对于海上责任保险制度是否需要进行改革这一问题，各国的观点并不一致。海上贸易发达的国家对海上责任保险制度的要求更加多元化、全面化；而大多数发展中国家海上贸易的发展水平并不高，也不会提出对自己来说经济压力过大的新的海上责任保险制度。争议的重点集中在是否必须改革海上责任保险制度、如何适用强制责任保险，以及第三人直接请求权与直接诉讼权的确认问题上。并且，在国际海事委员会的协调中，集中出现了各国对国际海事委员的重视程度不一、各国国内海商法差异较大、国际法不成体系等问题，这也成为海上责任保险制度改革的阻碍。

然而，海上责任保险制度的改革仍然有其充分的必要性：第一，海上责任保险制度发展到今天，对公平与效率价值的追求更加明显；第二，当今社会对平衡加害人和受害人权益的重视，对责任保险制度提出了挑战；第三，民事责任制度的发展也对责任保险提出了新的要求。这些都是海上责任保险制度难以回避的问题。

关于海上责任保险的改革方案，应当从三个层面推进：第一，在整体上，海上责任保险需要扩大承保的风险范围，实行强制保险、商业保险的制度模式，并明确责任保险的定位；第二，在权利义务结构上，应当明确赋予第三人直接请求权；第三，在海上责任保险制度内容上，应当按照实施形式的不同,划分自愿保险和强制保险,并由船东/承运人自由选择。

我国海上责任保险制度在未来的改革中,也应遵循国际化、并行保护、及时性、前瞻性原则。在具体的改革方案上,建议逐步在海上责任保险制度中确立直接请求权制度,确保海事事故中的受害人能够得到及时的赔付,减轻其经济上的压力,确保海上贸易主体的财务安全,并逐渐扩大海上责任保险强制化的范围,提升海上责任保险的覆盖广度。

目录

导 论

一、问题的提出 / 002

二、研究意义 / 003

三、国内外研究现状述评 / 004

四、研究思路 / 008

五、研究方法 / 009

第一章

海上责任保险制度的概述

第一节 海上责任保险制度概述 / 012

一、海上责任保险的概念及种类 / 012

二、海上责任保险的特性 / 015

三、海上责任保险的保险标的及基本种类 / 018

四、海上责任保险制度的功能 / 021

第二节 海上责任保险合同 / 023

一、海上责任保险合同的特性 / 024

二、海上责任保险合同的主体 / 032

三、海上责任保险合同中的保险类型：以保险人类型为划分标准 / 042

第二章

海上责任保险制度的发展

第一节　海上责任保险制度的历史源流　/ 052

　　一、海上责任保险制度产生的历史背景　/ 052
　　二、海上责任保险制度的萌芽　/ 053
　　三、海上责任保险制度晚近的发展　/ 055

第二节　英美当代海上责任保险制度的改革发展　/ 062

　　一、英国海上责任保险制度的发展与改革　/ 063
　　二、美国海上责任保险制度的发展与改革　/ 073

第三节　典型国际条约的规则与发展　/ 082

　　一、海事赔偿责任的限额标准：《1976年海事赔偿责任限制公约》　/ 082
　　二、双层责任机制的建立：《2002年海上旅客及其行李运输雅典公约》　/ 084

第三章

海上责任保险制度发展的困境与缘由

第一节　海上责任保险制度的困境　/ 088

　　一、保障效果的不稳定性　/ 088
　　二、保障范围的局限性　/ 091
　　三、保障制度的功能转化　/ 096

第二节　困境的内因——商业责任保险制度的本质　/ 099

　　一、保险合同天然的射幸性　/ 099

二、风险控制的复杂性 / 101

三、自愿责任保险内容的局限性 / 104

第三节　困境的外因——责任保险面临的挑战 / 107

一、航海技术和承保技术的变化 / 108

二、海上风险形式的改变 / 111

三、海上保险制度价值的转变 / 114

第四章

海上责任保险制度改革的趋势

第一节　海上责任保险制度改革的必要性 / 120

一、现行责任保险制度效率的低下 / 120

二、现行海上责任保险制度下加害人和受害人权益保护的失衡 / 121

三、现行海上责任保险制度与民事责任制度发展的失调 / 122

四、现行责任保险制度下第三人直接请求权的滞后性 / 123

第二节　海上责任保险制度改革的主要原则 / 125

一、国际协调原则 / 125

二、并行保护原则 / 126

二、及时性原则：快速救济作用的发挥 / 126

四、前瞻性原则：风险分散制度的发展趋势 / 127

第三节　海上责任保险制度改革的主要问题 / 128

一、海上责任保险制度的功能转型问题 / 128

二、强制责任保险适用范围的扩大化问题 / 130

三、第三人利益的直接保护问题 / 131

第四节　海上责任保险制度改革的基本方向　/ 133

　　一、海上责任保险制度的整体改革：以第三人利益保护为中心　/ 133

　　二、海上责任保险制度权利义务结构的改革：以直接请求权为中心　/ 137

　　三、海上责任保险制度的内容改革：以保障范围的扩张为中心　/ 140

第五章

关于海上责任保险制度改革的建议

第一节　海上责任保险制度的主要问题　/ 146

　　一、保障范围单一与保障需求扩大趋势间的矛盾　/ 146

　　二、规则体系的零散与适用需求间的矛盾　/ 148

　　三、第三人直接诉讼制度滞后与第三人利益保护间的矛盾　/ 149

　　四、国际条约衔接脱节与我国海上贸易发展的矛盾　/ 150

第二节　海上责任保险制度立法模式的改革　/ 152

　　一、我国海上责任保险制度的基本架构与效果分析　/ 152

　　二、立法模式的改进：统一立法与示范合同的结合　/ 157

第三节　海上责任保险制度规则设计的改革　/ 161

　　一、明确海上责任保险的法律地位　/ 161

　　二、保赔保险的承认与监管　/ 162

　　三、强制责任保险规则的重新设计　/ 162

　　四、完善自愿海上责任保险制度　/ 164

　　五、加强对受害人利益的直接保护　/ 165

结束语　/ 168

参考文献　/ 170

导 论

一、问题的提出

在我国推行"一带一路"倡议的背景下,国际法,尤其是国际私法凸显着重要性。海商法是涉及跨国法律关系的部门法,具有很强的国际性。从这一点讲,其可以归入国际法的研究范畴。另外,国际私法是调整涉外民商事关系的法律,不仅包括法律适用问题,也包括民商事实体法。从这一意义上讲,海商法亦可纳入国际私法的研究范畴。

海上责任保险制度的研究属于海商法的研究范畴。在现代海上保险的发展中,海上责任保险的地位日趋显著。责任保险一直以来都是海上保险的重要内容。海上责任保险法律制度经过一个多世纪的发展,逐渐受到保险业界和航运界的重视。晚近以来,出于对人类生命和环境的珍视,责任保险正在逐步由自愿化向强制化转变。随着社会的变化和价值取向的转变,人们对个人利益和社会利益的冲突重新进行了思考,再加上世界航运技术的突破,海上责任保险在 21 世纪发生重大改革将是不可避免的。

目前,很多英美法系国家的海上保险法立法以英国的海上保险法为范本,深受英国海上保险法发展的影响。1888 年,伦敦协会的船舶定期保险条款中首次出现了船舶碰撞责任保险条款,从此海上责任保险制度逐步向全世界推行。由于海上运输客观环境的变化以及整体国际社会理念的转变,起初的海上责任保险制度在经过百年的发展后,已经难以适应海上贸易环境的需求。对此,多个国家对海上责任保险法进行了改革,以适应国际贸易的需求。

《中华人民共和国海商法》(以下简称《海商法》)自 1992 年颁布以来,已经历 30 余年,在我国海上贸易的发展中起到了重要的作用。但是,随着我国海上贸易的快速发展、国际贸易地位的日益提高,加之近十年来国内外规则的集中颁布或修订,[①]"现行海商法构建的法律制度体系在很多方

---

① 仅就国内而言,2000 年后颁布的关于海上贸易的法律规则主要有:《中华人民共和国船舶最低安全配员规则》《中华人民共和国船舶安全检查规则》《中华人民共和国海船船员适任考试、评估和发证规则》《国内水路运输管理规定》《防治船舶污染海洋环境管理条例》。

面已滞后于发展,不能有效适应航运和贸易发展的需要"①,目前正在进行全面修订。由于其颁布时间较早,对某些新出现的问题均未作出规定,包括无船承运人、国际货运代理人的法律地位、海洋污染等法律问题等。②其中,"海上责任保险"这一备受社会和业界关注的概念,在我国《海商法》中仅有两处提及,这与该领域当前发展的繁荣态势并不相称。因此,在修订《海商法》之时,有必要对海上责任保险制度进行分析与研究,以推动海上责任保险制度的改革。

除了满足修订我国《海商法》的需求外,研究海上责任保险制度也是为了适应我国的海上司法审判实践的需要。随着我国立法体系不断完善,越来越多的海上责任保险合同将我国法律作为准据法。在长期司法实践中,司法工作者对海上责任保险已逐步形成较为成熟的认知。然而,受现有立法局限性影响,司法实践中仍存在同案不同判的情况。对海上责任保险制度进行研究,有助于更深入地分析我国海上责任保险司法实践面临的问题,并从司法实践的角度,探寻具体问题的解决路径。此外,英国海上责任保险制度发展较为成熟,其司法判例对英美法系乃至全球的立法与司法实践具有一定的借鉴意义。对英国相关法律和判例流变、改革的研究,可为我国司法审判实践提供必要的参考。

二、研究意义

本选题研究的理论与实践意义如下。

第一,本选题的理论意义在于为我国海上责任保险制度的完善和改革提供理论依据。我国海上责任保险制度虽在发展中取得了较大进步,但是就内部而言,其规则体系需更好地统一协调;就外部而言,其与新近缔结的国际条约在有些方面并不契合。同时,我国理论界和实务界已充分认识到修订《海商法》的必要性,立法机关也已启动相关修订工作。然而,当前学界对海上责任保险制度的研究仍处于较为初步的阶段。作为《海商法》的重要组成部分,海

---

① 《〈中华人民共和国海商法〉修订说明》,见中华人民共和国交通运输部网站(https://www.mot.gov.cn/yijianzhengji/201811/t20181107_3125036.html)。

② 参见梁慧星《关于修改〈中华人民共和国海商法〉的建议》,见中国法学网(http:// iolaw.cssn.cn/xzxz/201003/t20100312_4605445.shtml)。

上责任保险制度规则的构建亟需坚实的理论支撑。对海上责任保险的责任制度进行研究，有利于为海上责任保险制度中权利义务的分配提供理论基础；对海上责任保险制度的立法模式进行研究，有利于为我国海上保险制度乃至整个海商法的立法改革提供理论参照；对海上责任保险制度的国际立法改革发展进行研究，有利于为我国海上责任保险的立法改革与完善提供理论借鉴；对海上责任保险制度与海商法之间的关系进行研究，有助于为未来海上责任保险制度立法模式的构建提供理论依据。总之，对海上责任保险制度进行研究，对扩大我国的相关立法及司法解释的国际视野、正确解决海事纠纷具有重大的积极意义，能够为我国的《海商法》修订提供坚实的理论基础和修改思路。

第二，本选题的实践意义在于可以为我国法院审理海事案件提供借鉴。在目前的海事司法实践中，我国法院可能会遇到很多海上责任保险纠纷案件，但我国有关海上责任保险制度除涉及《海商法》外，还涉及许多层级不一、内容不一的法律规则，这导致我国法院在选择适用规则时面临困难。《海商法》的修订是一个渐进的过程，在此过程中，准确把握海上责任保险制度的具体内容与基本理论制度，并建立合理的纠纷解决机制至关重要。

三、国内外研究现状述评

（一）国内研究现状

近十年来，国内公开发表的关于"海上保险"的学术成果颇多，但针对"海上责任保险"议题进行专门性研究的学术成果实际较为匮乏。

专著方面，汪鹏南、杨良宜的《海上保险合同法详论》，主要围绕我国现行货物、船舶及其他海上财产和责任的保险条款，并参照英国海上保险法和协会保险条款，对海上保险合同法的性质、规则、具体制度设计等问题进行了研究。[①] 杨召南、徐国平、李文湘的《海上保险法》，主要针对海上保险法的基本概念、性质、规则构成、历史发展与未来改革等问题进行了详述，并结合相关国际条款和国际审判实践，对我国海上保险制度中所存在的部分问题进行了分析，提出了相应的解决途径。[②]

[①] 参见汪鹏南、杨良宜《海上保险合同法详论》，大连海事大学出版社2011年版。
[②] 参见杨召南、徐国平、李文湘《海上保险法》，法律出版社2009年版。

博士学位论文方面,葛延珉的《海上保险法最大诚信原则研究》在我国海上保险法领域起到了先锋作用,在对"告知义务制度"相关历史进行研究的基础上,提出最大诚信原则是与诚实信用原则既相互联系又有所区别的一项法律原则。最大诚信原则是几乎被全世界公认的保险法基本原则之一,它的含义及对它的解释随着社会、行业发展而有所变化。其中,从保险人或谨慎保险人的角度来评估事项的"重要性"已经不符合当今社会的发展趋势。[①] 王海波的《论中国海上保险法与一般保险法之协调》,以《海商法》和《中华人民共和国保险法》(以下简称《保险法》)为研究对象,研究我国海上保险立法与一般保险立法之间的协调问题,并提出完善我国海上保险法的建议。[②] 初北平的《船舶保险条款研究》,主要以船舶保险条款为研究对象,并提出了完善现有条款的相关建议。[③]

其他论文方面,公开发表的学术论文主要围绕以下三个方面展开研究。第一,国内外制度改革方面。傅廷中认为,随着海运和科技的发展,海上保险保证制度也逐步暴露出一些弊端,在新的历史条件下对此项制度加以必要的改革已成为必然趋势。[④] 初北平、曹兴国论及海上保险及其立法的起源是海上贸易发展史以及海法史的重要组成部分,认为各地区或国家的早期海上保险立法存在着很高的相似性;对于中国来说,海上保险完全是舶来品,而中国海上保险事业真正有法可依是在新中国成立后。[⑤] 王彦斌分析了 2009 年修订的《保险法》对我国《海商法》的影响。[⑥] 张湘兰、李凤宁主要研究了海上责任保险的几个基础理论问题,强调海上责任保险立法具有国际立法领

[①] 参见葛延珉《海上保险法最大诚信原则研究》,大连海事大学 2004 年博士学位论文。

[②] 参见王海波《论中国海上保险法与一般保险法之协调》,复旦大学 2012 年博士学位论文。

[③] 参见初北平《船舶保险条款研究》,大连海事大学 2008 年博士学位论文。

[④] 参见傅廷中《海上保险保证制度的过去、现在与未来》,载《中国海商法研究》2013 年第 4 期。

[⑤] 参见初北平、曹兴国《海上保险及其立法起源考》,载《中国海商法研究》2013 年第 4 期。

[⑥] 参见王彦斌《新〈保险法〉对中国海上保险合同法律的影响》,载《中国海商法年刊》2011 年第 1 期。

先于国内立法的趋势，以及按照不同的类型分别立法的特征。[①] 朱作贤分别从理论与实证两个角度来对在实践中发现的法律问题进行研究，并提出了具体可行的法律解决路径。[②] 第二，立法模式方面。夏元军、李群指出，海上责任保险人依照《海商法》享有的责任限制权利可分为寄生和独立两种模式，相比之下，独立模式更具合理性。[③] 张金蕾认为，《海商法》的修订应当以现有立法为前提，以对特别制度的增补为补充，同时尽量节省立法资源，以完成特别法与一般法的衔接，这才是 2009 年修订的《保险法》下我国海上保险制度的应对之策。[④] 贾林青则提出，应参照 2009 年修订的《保险法》对我国《海商法》中的海上保险制度进行修订。[⑤] 张智勇、许绯从海上保险合同法和保险法之间的关系、修订的指导思想、修订的方法或原则这三个方面作出考量，对海上保险合同制度提出了自己的建议。[⑥] 第三，具体制度设计方面。仪喜峰、林璐瑶研究了如何行使海上保险代位求偿权，认为保险人应当以自己的名义，以保险人实际支付的保险赔偿金额为限来行使海上保险代位求偿权。[⑦] 郑文姣针对有关受害第三人对海上责任保险人直接请求权的立法缺陷，提出应在确定自愿海上责任保险中的第三人直接请求权与强制海上责任保险中的第三人直接请求权具有不同权利属性的前提下，针对这两种不同的海上责任保险规定第三人不同的权利行使条件。[⑧] 王欣在分析 2009 年

[①] 参见张湘兰、李凤宁《海上责任法基础理论问题研究》，载《武大国际法评论》2006 年第 1 期。

[②] 参见朱作贤《论船舶融资面临的海上保险法律难题：中国法的缺失及完善》，载《河北法学》2014 年第 1 期。

[③] 参见夏元军、李群《海上责任保险人责任限制模式选择》，载《中国海洋大学学报（社会科学版）》2011 年第 6 期。

[④] 参见张金蕾《新〈保险法〉适用下我国海上保险制度的应对》，载《苏州大学学报（哲学社会科学版）》2014 年第 3 期。

[⑤] 参见贾林青《新〈保险法〉适用环境下中国海上保险制度的完善》，载《海商法年刊》2010 年第 1 期。

[⑥] 参见张智勇、许绯《关于海上保险合同法修订的思考》，载《中国海商法研究》2014 年第 3 期。

[⑦] 参见仪喜峰、林璐瑶《论海上保险代位求偿权》，载《上海海事大学学报》2012 年第 3 期。

[⑧] 参见郑文姣《浅议海上责任保险第三人请求权的行使条件》，载《广东海洋大学学报》2009 年第 2 期。

修订的《保险法》的若干规定与海上保险合同相关法律制度关系的基础上，讨论了其对海上保险合同纠纷产生的作用，认为保险人以违反《海商法》规定的告知义务为由拒赔应以有效行使解除权为条件。①

我国学界关于"海上责任保险"的研究中，针对英国等国家责任制度立法改革活动的研究并不多见，且大多忽视了英国法背景研究的重要性，这导致对责任制度的研究缺乏准确性和完整性。②

（二）国外研究现状

在海上保险法专著方面，Susan Hodges 所著的 *Law of Marine Insurance*③、Jonathan Gilman 等学者所著的 *Arnould's Law of Marine Insurance*④ 体现了英美法系精于判例研究的特点。也有其他学者对海上保险制度进行了深入的研究，比如：Haakon Stang Lund 对挪威和英国海上保险法的责任制度进行了比较探讨；⑤ 比利时的 Marc Huybrechts 研究了欧陆国家的海上保险法；⑥ 澳大利亚的 Sarah Derrington 探讨了澳大利亚海上保险法的现状与改革方向；⑦ 英国的 Robert Merkin 也对澳大利亚保险法的改革提出了独到的见解，并希望英国能够从澳大利亚的保险改革中吸取经验教训。⑧ 此外，在学术领域也存在

---

① 参见王欣《新〈保险法〉对海上保险合同法律制度的影响》，载《大连理工大学学报》2011 年第 2 期。

② Francis Rose, *Marine Insurance: Law and Practice*, CRC Press, 2013.

③ Susan Hodges, *Law of Marine Insurance*, Routledge, 2013; Jonathan Gilman, et al., *Arnould's Law of Marine Insurance* (17th edition), Sweet & Maxwell, 2008.

④ Jonathan Gilman, et al., *Arnould's Law of Marine Insurance* (17th edition), Sweet & Maxwell, 2008.

⑤ Haakon Stang Lund, "Comparative Lessons Derivable from the Norwegian Marine Insurance Plan 1996", *Marine Insurance: the Law in Transition*, Informa, 2006, pp.181-192.

⑥ Marc Huybrechts, *Comparative Marine Insurance Law: Highlighting the Significant Features of Marine Insurance Law in Belgium and Other Selected European Legal Systems*, Informa, 2006.

⑦ S. C. Derrington, *Australia: Perspectives and Permutations on the Law of Marine Insurance*, LLP, 2002, pp.363-403.

⑧ Robert Merkin, "Reforming Insurance Law: Is There a Case for Reverse Transportation? A Report for the Engilsh and Scottish Law Commissions on the Australia Experience of Insurance Law Reform", *Law Commission Scottish Law Commission*, 2006, 14 (7), pp.741-748.

着反对修改责任保险制度的声音，认为改革不应当将保险合同法与普通合同法混淆。① 在 *Lloyd's Maritime and Commercial Law Quarterly* 上有一篇题为"Compulsory Insurance and Its Implications"的文章，该文章对海上责任保险由自愿保险转化成强制保险的理论基础和利弊进行了深入探讨，对英国法下强制保险的必要、缺陷、保险标的、直接诉权、道德风险等理论问题进行了深刻论证。②

英美国家关于"海上责任保险制度"的研究成果有如下特点：第一，相关的专著偏重介绍海上责任保险制度本身的具体内容及其发展历史，相关论文则着眼于海上责任保险制度的相关案例判决；第二，大部分研究很少以中国法为研究本体，从而再进行对比法研究。国外学者所采取的案例分析方法具有十分重要的借鉴意义，但是对于在立法上尚未完善的我国海上责任保险制度而言，这些案例分析并不能完全解决问题，并且这些研究也没有以我国的法律制度为背景去论证海上责任保险制度的改革问题。单单依靠别处的经验，对于研究我国海上责任保险制度的方向改革来说并不足够，因而有必要立足当下的中国实际作进一步的探讨与研究。

四、研究思路

本书以英国《1906年海上保险法》（以下简称 MIA1906）关于"责任"的规定为切入点，③ 分析"责任"在海上责任保险中的含义，进一步讨论海上责任保险制度在发展中遇到的困境及困境成因，讨论海上责任保险的改革方向。本书将结合我国海上保险业务的特点就《海商法》相关条款的修订提出建议。

---

① Victor Dover, *A Handbook to Marine Insurance: Being a Textbook of the History, Law and Practice of an Integral Part of Commerce for the Business Man and the Student*, Witherby, 1975.

② Ling Zhu, Xiuhua Pan, "Compulsory Insurance and Its Implications", *Lloyd's Maritime and Commercial Law Quarterly*, 2016.

③ Alex L. Parks, *The Law and Practice of Marine Insurance and Average*, Cornell Maritime Press, 1987.

五、研究方法

（一）比较分析法

"法学只能是世界性的。比较法是这一世界性的要素之一，在我们的时代特别重要，为了认识法学，为了法学的进步，它起着并注定要起到头等重要的作用。"① 必须从世界的角度出发，才能在看到本国相关制度问题的同时，找到一个类似且有效的解决办法。对比法作为立法者在创立及完善法律制度时的必要手段，也是完善我国海上责任保险制度和《海商法》的重要方法之一。

比较法即比较不同国家的法律秩序。德国著名法学家茨威格特和克茨认为，比较主要可分为宏观比较和微观比较。② 两者的区别主要体现在其研究对象上。宏观比较的研究对象是处理法律素材的一般方法、调节和裁决争议的程序或者法学家从事法律工作时所使用的方法。而微观比较的对象一般是各个具体的法律制度或者法律问题。从本书的研究对象看，研究和论证的过程中将会更多运用微观比较，但是这两种比较方法往往相互交叉，所以难免涉及宏观比较。为了研究海上责任保险制度的完善过程，使用比较法时，应秉持功能主义原则，即要摆脱本国法律框架和制度限制，深入研究其他国家海上责任保险制度创立的相关法律渊源。③

海上责任保险制度起源于英国司法界在航运业务上的实践。一方面，许多英美法系以外的国家，也深受英国 MIA1906 的影响，所以需要用比较法来研究对我国海上责任保险制度改革有启示作用的相关经验与理论；另一方面，我国在不断发展中形成了独特的海上责任保险制度，因而要研究海上责任保险制度，还必须进行横向对比，发现我国海上责任保险制度的特点和可能存在的问题，并在比较法上探寻完善之路。以英国法作为比较法的研究对

---

① ［法］勒内·达维德：《当代主要法律体系》，上海译文出版社1984年版，第11页。
② ［德］K.茨威格特、［德］H.克茨：《比较法总论》，潘汉典、米健、高鸿钧等译，贵州人民出版社1992年版。
③ ［德］K.茨威格特、［德］H.克茨：《比较法总论》，潘汉典、米健、高鸿钧等译，贵州人民出版社1992年版，第28-31页。

象时，需要广泛收集英国法中关于海上责任保险的相关法律资料，并将这些资料作为研究的真正核心来进行深入比较。最后基于法律政策，对比较的结果进行批判性考察，总结出完善我国相关法律制度的方法。[①]

（二）历史分析法

历史分析法通过剖析海上责任保险制度的起源，从历史发展的视角研究海上责任保险制度与社会发展的相互作用和关系，能够为该制度在未来发展中可能面临的困难发出预警。

（三）案例分析法

案例分析方法通过研究历史及各国的典型案例，为相关立法和司法实践提供改革思路。该研究方法在本书的研究中尤为重要，全面收集相关案件并运用类型化的思维进行分析具有重要意义。鉴于现实中涉及海上责任保险的案例数量众多，本书拟在分析域外经典案例的基础上，探究案例问题的根源，进而探讨典型问题的解决方案。

[①] ［德］K.茨威格特、［德］H.克茨：《比较法总论》，潘汉典、米健、高鸿钧等译，贵州人民出版社1992年版。

第一章
海上责任保险制度的概述

　　海上保险制度整体起源于英美法系，该法系对具体制度的性质、特点、基本原则的重视程度，并未如大陆法系一样突出。然而，海上责任保险制度实际上融合了多种保险制度的特点，如果无法明确海上责任保险制度本身的含义、性质、特点、原则等问题，就无法对海上责任保险制度进行准确的把握。

第一节　海上责任保险制度概述

一、海上责任保险的概念及种类

无论是海上保险还是责任保险,均在保险的概念里有着特殊的性质,不能一概适用普通保险里的概念、原则、制度。因此,在讨论如何完善海上责任保险制度之前,必须明确海上保险、责任保险和海上责任保险三者之间的区别与联系。只有明白它们的关系,才能更好地理解海上责任保险这一保险领域内的特殊产物,才能够综合考虑其特点以提出完善相关制度的建议。

为了厘清它们之间的区别,首先需要明确它们各自的含义。

（一）海上保险的含义

海上保险作为普通保险的分支,最初所承保的范围并不包括船舶对第三人的责任。但随着历史的演变和贸易的发展,海上保险的含义越来越广。无论是从立法的角度还是法律制度的角度看,海上责任保险依旧属于海上保险范畴。海上保险具有海上责任保险"保险之母"的历史地位,其特殊性和重要性不言而喻。因此,要理解与完善我国海上责任保险制度,需要从海上保险的含义开始研究。

海上保险,是指海上保险人对于保险标的物,除合同另有约定外,因海上一切风险灾害所引起的毁损、灭失及费用,负赔偿责任的保险。[1] 从广义上来讲,海上保险是为海上运输和海上贸易提供风险保障的一种保险。其承保的标的具有特殊性和广泛性,并且随着贸易的发展和航运技术的更新,逐渐向内陆延伸,向相关的非物质财产（如利益和责任等）拓展。比如,英国MIA1906第1条规定："海上保险合同是指保险人按照约定的承保范围,对被保险人因从事航海冒险所发生的海难损失承担赔偿责任的合同。"我国《海商法》第216条也对海上保险合同作出了相似的定义："海上保险合同,

---

[1] 参见陈猷龙《保险法论》,瑞兴图书股份有限公司2010年版,第264页。

是指保险人按照约定，对被保险人遭受保险事故造成保险标的的损失和产生的责任负责赔偿，而由被保险人支付保险费的合同。"此外，加拿大1994年《魁北克民法典》对海上保险作出如下定义：海上保险的目的是对被保险人因其海上航行而发生的损失进行赔偿（第2390条）；海上保险除承保海上航行的其他冒险活动所发生的风险、伴随航行发生的陆上风险外，还包括因船舶的建造、修理和下水而产生的风险（第2505条）。

中英两国对海上保险合同的定义有相似之处。可以看出，两国海上保险都采用损害补偿原则，意在弥补被保险人遭受的损失。但是，关于海上责任的规定，中国《海商法》在第216条里已经明确规定海上保险标的包括"责任"；而英国MIA1906第1条并没有明确指明承保标的是否包括"责任"，仅概括性地将其规定为"由于从事航海冒险所发生的损失"。但英国MIA1906第74条对当事人明确约定将第三人责任纳入承保风险的情形作出了规定，[①]可见在英国法下，"责任"并非在任何时候都被视为海上保险的标的。

为了探讨海上保险中的"责任"和责任保险之"责任"的关系，仍需要对责任保险的定义进行深入研究。

（二）责任保险的含义

在英国，责任保险来源于汽车第三者责任险。早在1875年，英国已出现马车第三者责任险。[②] 由于责任保险具有代替致害人赔偿的特点，它在发展初期，遭到各种观点的抨击，其业务的经营甚至因此受到了影响。例如，我国在20世纪50年代曾停办汽车公众责任保险。再如，2003年天安保险公司推出的"酒后驾车险"也遭到诸多质疑（对责任保险承保风险合法性的讨论，始终是某些险种能否顺利开办的重要影响因素，如后文讨论的海盗赎金责任保险）。[③] 通常认为，责任保险属于第三方保险，其保障对象除被保险人之外，还包括受害第三方，并且更注重对受害第三方的保障。因此，责

[①] 英国《1906年海上保险法》第74条规定："若被保险人已通过明示条款对第三方责任投保，则其可根据投保单上明确条款的规定，就实际已向第三方支付或应当支付的赔偿金额获得补偿。"

[②] 参见杜逸冬《英美责任保险发展对我国的启示》，载《北方经济》2014年第9期，第7页。

[③] 参见许飞琼《财产保险》（第五版），中国金融出版社2015年版，第308页。

任保险在现代社会被十分广泛地应用于各个领域，从而分散社会风险，对弱势群体进行保护。

中国法中没有独立的责任保险法，有关责任保险的相关规定在《保险法》内。根据《保险法》第 65 条第 4 款，责任保险指以被保险人对第三者依法应负的赔偿责任为保险标的的保险。责任保险属于广义财产保险的范畴，理论上适用于广义财产保险的一般经营理论，但又具有自己的独特内容和经营特点，是一类可以自成体系的保险业务。[①] 通常认为，责任保险中保险人进行赔偿[②]必须具备两方面要件。第一，被保险人对第三人应负责任的事故须发生在保险契约的有效期间内，且应负责任的事故只限于私法上的民事责任，公法上的责任并不包含在内。责任保险的保险标的并非传统财产保险中具体的财物，而是被保险人因侵权行为产生的责任。因此从侵权法的角度观察，责任保险的保障对象也包含了第三人对被保险人的请求权，这也就决定了这种权利必须具有法律上的可诉性。第二，在责任保险的保险事故中，只有在第三人对被保险人享有请求权时，保险人才应承担赔偿责任；当第三人放弃对被保险人的请求权，或者保险事故实际上并未发生时，保险人不需要承担赔偿责任。[③] 传统理论认为，责任保险的保险标的是责任，这种责任所出现的时间一般是指责任经过法院确定或自认之时。但是，现代学者普遍认为，责任保险具有独特的对被保险人的保护功能，所以责任保险保障的开始时间应当是第三人提出请求时，这时被保险人已经处于不利地位，保险人有义务为被保险人提供责任和诉讼上的双重保障。[④] 责任保险理论上属

---

① 参见许飞琼《财产保险》（第五版），中国金融出版社 2015 年版，第 307 页。

② 在保险金给付的性质上，始终存在不同的观点，但从现代对责任保险合同的认识来看，保险金给付是按照保险合同的约定向第三人进行的给付，其和传统侵权责任法中所运用的"赔偿"表达的意义并不相同。因而对保险金应该使用给付而非赔偿。但责任保险的保险金在性质上的定位更加复杂，例如，在我国机动车交通事故责任强制保险制度中，强制责任保险的保险人实际承担的确实是侵权法上的责任。因而，本书中主要以赔偿的方式来区分侵权法上的赔偿责任。

③ 参见刘宗荣《新保险法——保险契约法的理论与实务》，台湾翰芦图书出版有限公司 2007 年，第 374 页。

④ 参见吴荣清《财产保险概要》，台湾三民书局 1992 年版，第 225-226 页；邹海林《保险法教程》，首都经济贸易大学出版社 2002 年版，第 152-154 页；徐卫东《保险法论》，吉林大学出版社 2002 年版，第 506-508 页；樊启荣《保险法》，北京大学出版社 2011 年版，第 147-148 页。

于财产保险，但其保险标的并非实际财产，而是被保险人所承担的责任。换言之，一般的财产保险的保险利益是积极的保险利益，被保险人因为该种保险利益的存在而获益，而责任保险的保险利益是消极的保险利益，被保险人因为该种保险利益的存在而受损。

我国《保险法》并未对"责任"这一概念作出明确定义，仅通过责任保险将其间接界定为被保险人对第三人依法应负的赔偿责任。此处的"责任"应仅限于民事责任，[①]既包括违约责任，也包括侵权责任。由于《保险法》未对"责任"作出进一步规定，不同种类的责任保险仍然需要适用各自领域特别法的规定。因此，探讨中国海上责任保险制度的完善路径，既要在《保险法》的框架内推进，也需从特别法层面进行改革。

（三）海上责任保险的含义

在之前对海上保险含义的讨论里，可以看出"海上责任"应是一种以被保险人对第三者海上损害赔偿责任为标的的保险。目前我国法律并没有直接对海上责任保险的含义作出直接规定，其合法性仅在《保险法》第65条和《海商法》第216条中得以体现。[②]因此，关于海上责任保险的"责任"范围，双方当事人需要在《保险法》和《海商法》的基础上进行明确约定。

二、海上责任保险的特性

海上责任保险作为海商法的重要内容，具有与一般的保险所不同的特征。

（一）多样性

海上责任保险的保险事故涵盖"海上一切事变及灾害"，诸如碰撞、沉没、油污、危险化学物泄漏、海盗侵袭、难民相关事件、火灾以及船员不当行为等情况，这些都有可能致使承运人或者船舶所有人承担相应责任。对

[①] 参见王海艳《保险法》，立信会计出版社2007年版，第295页。
[②] 参见李凤宁《我国海上责任保险的立法完善研究》，载《广州大学学报（社会科学版）》2007年第3期，第38–42页。

此，相比陆上保险而言，海上责任所包含的责任情形更为多样，也更加复杂。在这些责任当中，诸多问题都有相互链接的可能，比如沉没与油污往往相伴而生，火灾与船员行为又常有联系。因此，海上责任保险通常需要涵盖多种责任形式，这使得海上责任保险呈现出多样性的特点。

（二）政策性

美国学者帕克在《海上保险与海损的法与实务》一书中指出："海上保险是一个困难且复杂的课题，虽然其对海洋事务的重要性不可被过分地强调，但毫无例外地，海上保险对海上活动的每一个领域都产生了影响，如果没有海上保险所提供的保障，海上商业活动将会陷入停顿。"[1]因此，各国政府对海上风险的干预力度呈增长趋势，这促使海上责任保险逐渐趋向政策性保险。

政策性保险系指"政府为实现某种政策目的，强制或鼓励受有特殊风险之族群投保，而保险人不得拒保之保险"[2]。也有学者认为政策保险的定义是"凡依据政府政策而成立之保险，称为政策保险；此外，即属普通保险或称非政策保险"[3]。强制者，如我国强制汽车责任保险；仅鼓励而非强制者，如住宅地震保险。而本书所研究的海上强制责任保险，属于强制而非鼓励者。因此，海上强制责任保险属于政策型保险或经济政策保险的组成部分。

同一般的自愿保险相比，政策性保险会在一定程度上限制保险人的缔约自由和营利空间。政策性保险通常以单方或双方面的强制性、鼓励性为特征。所谓强制保险一般是指依据法律法规规定，投保人负有法定投保义务且保险人不得拒绝承保的保险类型。强制责任保险建立的初衷，是考虑到部分主体受资金资源限制，且可能需对第三者承担高额责任，而这一责任只有在

---

[1] Alex L. Parks, *The Law and Practice of Marine Insurance and Average*, Cornell Maritime Press, 1987, p.32.

[2] 江朝国：《保险法逐条释义（第一卷总则）》，台湾元照出版有限公司2012年版，第54页。

[3] 袁宗蔚：《保险学——危险与保险》，首都经济贸易大学出版社2000年版，第130页。

责任保险覆盖范围内才能最大程度地得以履行。① 在当今贸易发展的进程中，船舶使用的普遍性在一定程度上导致海上事故的发生频率提高。海上责任保险对海难事故的重要作用一直没有被广泛认识，直到 1967 年 3 月 18 日 "托利卡尼翁"（Torrey Canyon）号原油事故的发生。② 目前我国海上责任保险中，油污、燃油污染，旅客运输和残骸清除、打捞所涉及的责任保险属于强制保险。如果只是单纯地审视海上责任保险中的权利义务关系，海上责任保险在性质上与普通责任保险没有实质性区别。在海上责任保险领域，鉴于国家经济贸易的需求及对海上贸易危险性的考量，在当今经济一体化的世界中，任何国家的海上贸易几乎都关系到国家的经济根本，对国家信用和国内经济体系的发展具有显著影响。海上运输涉及的物品危险性难以确定，加之对环境保护的重视和对普通民众的关怀，部分海上责任保险逐渐由国家或相关组织强制船舶所有人或运输人投保。投保人与保险人订立保险合同并非出自主观意愿，而是依据国家法律、行政法规的规定。在这些规范中，投保人或被保险人有义务投保特定的险种，保险人也有义务接受投保。通过强制投保实现政策目的，已成为海上责任保险最为显著的发展趋势之一。

尽管海上责任保险具有较强的政策性发展趋势，但其保险契约的属性还是很明显：保险契约关系特有的义务违反，法律效果的衡量，仍然需要遵从一般债权债务的基本原则。在违反契约的约定时，仍然需要承担相应的违约责任。在政策性保险当中，基于保护受害第三人的需要，保险合同必须保持较强的有效性，以实现对第三人的保护。即使投保方违反相应义务，法律法规一般规定保险人不得免除对第三人的责任。典型者如我国机动车交通事故责任强制保险制度规定，即使在被保险人故意制造保险事故的情形下，保险人仍须依法对受害第三人承担赔偿责任，但可在赔付后向被保险人行使追偿权。此种规定源自政策性保险对社会环境的保护思想，与一般的责任保险有着较大的差异，对司法审判的影响也甚巨。可以说，离开政策性来讨论海上责任保险，将无法透视海上责任保险的本质。

---

① Ling Zhu, Xihua Pan, "Complusory Insurance and Its Implications", *Lloyd's Maritime and Commercial Law Quarterly*, 2006, p.564.

② Ling Zhu, Xihua Pan, "Complusory Insurance and Its Implications", *Lloyd's Maritime and Commercial Law Quarterly*, 2006, p.565.

三、海上责任保险的保险标的及基本种类

保险标的是保险制度的重要内容，保险标的直接关系着保险的性质、分类和保障范围。责任保险中的责任和责任保险的承保范围与保险标的密切相关。可以说，责任本身就决定了责任保险的保险标的。但是，海上责任保险所保障的领域较为特殊，其损失巨大，保险人通常会将某些事故排除在承保范围之外。

（一）海上责任保险一般保险标的的特定性

根据《保险法》的规定，保险标的在财产保险中系指财产及其有关利益。然而对这一定义，理论上仍然存在诸多争议。有学者认为，保险标的就是作为保险对象的经济上的财货或自然人，也有学者认为保险标的本身就为保险利益。[①] 本书对此不进行重点讨论，仍以我国现行法的规定为分析对象。在责任保险当中，根据《保险法》第 65 条第 4 款的规定，保险标的应当为被保险人对第三人依法应负的赔偿责任。该责任的出现或不出现，对被保险人的利益会造成显著的影响。在海上责任保险中，任何可能会造成承运人或者船舶所有人承担责任的事由都可能成为责任保险的标的。

需要指出的是，海上责任保险最初并不涵盖船东的赔偿责任。自 19 世纪后期以来，为了扩大对船东的保障，增强船东或承运人的信用，提升海上贸易的安全性，船东的各项赔偿责任逐渐被纳入保险系统。其中的赔偿责任大体可以分为三类：第一，船舶碰撞的责任。通常情况下，保险公司仅赔偿损失金额的四分之三，其余四分之一可向互助组织投保，或向保险人申请加费加保。一般船舶保单的碰撞条款多约定，倘若碰撞双方均有过失，保险人应当按照责任比例赔偿对方的损失，而非进行责任相抵。第二，船东对货主的赔偿责任。对此赔偿责任，一般保险人也可以承保，但在实践中，大多数借助互保组织进行承保。第三，其他船东责任。诸如油轮泄漏造成环境污染、船舶失误撞毁码头设施、船东过失导致船员遭到伤害等情形，均可能构成船东的赔偿责任。然而，需要注意的是，随着海上贸易的发展和人道主义的弘扬，以前被认为并非船东责任的事件，目前也可以被纳入责任保险的保

---

① 参见江朝国《保险法基础理论》，中国政法大学出版社 2003 年版，第 74–76 页。

障范围，如目前在理论上被热烈讨论的因难民救援、海盗赎金所产生的损失，有逐渐被纳入责任保险标的的趋势。

海上保险的保障范围与一般陆上保险的保障范围最大的不同在于其具有概括性。在陆上保险中，通常依据危险的特征来划分并确定保险人承保的具体范围。因此，在人身保险领域，会产生意外伤害险、人寿保险等险种分类，在责任保险方面，则会出现机动车第三者责任险、雇主责任险、公共责任险等分类。但是在海上保险领域，由于其损害对象在传统上较为单一，而面临的风险因素又较为复杂，故多出现平安险、水渍险、一切险等概括性险种。而在海上责任保险领域，又因被保险人造成的损害对象为第三人，故其在损害范围上与其他领域的险种有较大不同。例如，在污染问题上，其所产生的责任甚巨，而在一般的碰撞问题上，损害对象一般仅限于被撞击船舶，故损害范围较小。因此，在保险产品的设计上，海上责任保险反而形成了类似陆上保险的特征，在实践中多出现船舶碰撞责任险、油污责任险等以事故类别而划分的险种。

（二）海上责任保险中责任保险标的和基本种类

关于海上责任保险的责任，根据海上事故的种类，可对其进行进一步划分。[①]

1. 人身伤亡责任

因人身伤害产生的责任，所包含的内容较为复杂。从人身伤害本身所包含的内容来看，主要包括：①船上的船员与其他员工受到伤害时，对被保险人产生的责任；②船上乘客等受到伤害时产生的责任；③其他船外人员受到侵害时产生的责任。

2. 船舶运营产生的责任

因财产损失产生的责任主要包括：①船舶碰撞其他船舶造成损失时产生的责任；②船舶上所载货物或其他财产造成他人财产损失时产生的责任；③碰撞其他船舶造成其所承载货物或其他财产受到损失时产生的责任；④因为操作不当而对码头、桥梁等陆上设施造成损失时产生的责任；⑤在共同海

---

① ［美］埃米特·J.沃恩、［美］特丽莎·M.沃恩：《危险原理与保险》，张洪涛等译，中国人民大学出版社2002年版，第433页。

损中产生的责任。

3. 货物作业产生的责任

在货物的运输、转移或储存等作业活动中，可能产生货物本身的损害或其他损失，由此产生的责任也可作为海上责任保险的保险标的。

4. 海洋环境污染责任

严格来说，污染责任实际上仍然可以被包括在船舶运营产生的责任与货物作业产生的责任这两种责任中，但是由于目前环境污染问题日益受到重视，实有将其单独列出加以说明的必要。海洋或其他环境生态的污染可能引发环保责任、产生清理成本，甚至可能导致某一地区经济停滞。污染事故造成危险的严重性是其他事故难以比拟的，这也是我国格外重视防范油类泄漏造成污染责任的重要原因。

（三）海上强制责任保险的特殊除外责任

责任保险既然是为减轻被保险人的责任负担而设定的，似乎应当包括被保险人依据民法而产生的所有损害赔偿责任。但是由于侵权法中已经放宽归责基础，因而对于保险人而言，承担全部民法上的损害赔偿责任是否妥当仍存在疑义。对此，有两种观点。一种是责任内容相同说。该说认为，责任保险创设的初衷在于减免被保险人依法应承担的责任，责任的大小、范围、性质均须依照法律规定。另一种是责任内容不同说。该说认为，责任保险所保障的范围仅限于被保险人因过失导致的侵权责任，至于因故意产生的侵权责任或违约责任，并不属于责任保险的保障范围。至于应采纳哪种观点，仍待商榷。但是无论出于何种观点，为了平衡道德与责任的关系，责任保险人所承担的损害赔偿责任都应该受到一定约束。

责任保险的除外责任便是约束保险人赔偿责任的其中一种形式。虽然海上保险的除外责任并不是很多，但是为了平衡保险费与保险金的关系，确保船东对船舶尽善良管理人的义务，防范道德风险，在海上强制责任保险中就必须有除外责任的事项。一般而言，海上保险中比较常见的免责事项主要有：第一，战争行为。由于战争行为带来的损失是巨大的，同时也难以归入意外事件范畴，因此战争行为导致的损失很难被纳入海上强制责任保险，甚至整个保险业的产品体系。第二，被保险人或受害人的故意行为。由于保险可承保的危险主要是指客观危险，对主观危险的承保不仅可能诱发被保险人的道德风险,更重要的是会破坏保险人原本维持风险与赔付平衡的经营基础。第三,不法行为。遏制不法行为是保险业的共识,为不法行为提供保险不仅是对不法行为的纵容,还会引发人们对保险合同合法性的质疑。因此,一般而言,任何保险产品都不会对不法行为进行承保。①

然而,上述传统免责事项是针对传统海上保险的内容。就责任保险而言,这些免责事项也可以纳入承保范围。对强制保险而言,其政策性是不言而喻的,其最为重要的保护对象是在事故中受到伤害的第三人。对被保险人的保护虽然也属于强制保险的目的,但已经不是最重要的目的了。因此,在某些情况下,即使本不应当属于保险责任的事由,出于对受害人的保护,也应当由保险人进行先行给付,随后保险人可再向被保险人进行追偿。例如在机动车交通事故责任强制保险中,在被保险人醉酒造成保险事故的情况下,保险人也应进行先行给付,以体现强制保险政策性的本意。

四、海上责任保险制度的功能

在海上保险法的发展过程中,受社会客观环境的影响,理想的海上保险法所应当具备的性质有所不同,其所追求的价值也会有所不同,总体而言,海上保险法的价值也已经由效益偏向公平。②

(一)提升海上贸易信用程度

以债务人的一般财产为其债务的一般担保,是债法的通说。但是当这种担保明显不足以确保债权人的利益可以获得保障时,债务人的信用就将面临负面评价,潜在的交易对象就难以信任债务人支付债务的能力,其在市场上开展交易的机会也会大大缩减。而海上国际贸易对时效性要求极高,货物的单笔价值通常巨大,加上海上航运面临的自然环境瞬息万变,一旦遭遇突发事故,就可能导致全部损失无法弥补的后果,因此从事海上贸易的人面临的风险是其他行业无法比拟的。这也是保险业肇始于海上保险的原因之一。从

---

① Brian Barnes, "Against Insurance Rescission", *Yale Law Journal*, 2010, 120, p.328.
② Thomas J. Schoenbaum, *Admiralty and Maritime Law*, West Publishing Company, 2001.

责任角度来看,由于各国对某些高危领域责任认定趋于严格,海上贸易人可能会面临更加繁重且无法预料的责任。这不仅会导致其信用受损,还会使本国商人在国际贸易中处于不利地位。因此,完善海上责任保险制度的意义,不仅在于让投保人通过投保分散风险,而且在于政府通过一定的法律建立相应的海上责任保险制度,通过完善海上责任保险制度,助力海上贸易人维持经济信用,从而提升国家整体经济信用水平,推动海上贸易发展。

(二)保护海上贸易人

现今社会科技的进步、经济的发展已经使得社会中各种具有相当危险性的机械或材料被广泛采用。而这些物质的采用却极易造成危险事故,对社会大众产生威胁。显然,这些物质的管理者或所有人最有能力也最应当对这些可能造成危险的物质进行控制,并在事故发生后承担赔偿责任。此外,由于这些物质具有不稳定性,一旦发生事故,往往难以在短时间内查明原因,受害人很难通过举证证明行为人的过错,因此严格责任等归责原则逐渐产生。这种严格责任原则无疑让海上贸易人面临更大的风险。

保险的根本功能是分散被保险人因为保险事故的发生而产生的风险,这是任何保险都具有的功能,也是保险最原始的功能。因此,将保护被保险人作为海上强制责任保险功能的一种,实属必要。但是,从宪法的角度观察,政府并不具备强制个人保障自身安全的权力,只有当这种安全受到损害可能给他人或者整个社会带来过于沉重的负担时,强制实施才有必要。①

在某些强制保险的理论中,实际上保护被保险人并不是最为迫切的目的,反而保护受害第三人而间接地维护整个社会的稳定,减轻社会发展给家庭或社会带来的负担才是为最重要的目的。强制和保护第三人相辅相成,互为手段和目的。但是,不能否认责任保险保护被保险人的功能,或者更为准确地说,保护被保险人才是责任保险最直接的功能,而保护第三人或更广泛的社会大众是通过保护被保险人产生的间接保护。因此保护被保险人必然属于责任保险的直接之意,但是在政策性保险中,这样的意图往往要让位给保护受害第三人的目的。例如,在强制责任保险制度中,即使在被保险人无责的情况下,也有保险人先行赔付的规定。

---

① 参见吴荣清《火灾保险及海上保险》,台湾三民书局1983年版,第37页。

(三)保护受害第三人

随着社会的发展,危险机械被广泛使用,人类与工业生产之间联系日益紧密,危险物质不断被发现和应用,人类已然生活在乌尔里希·贝克笔下的"风险社会"中,而如何应对这些危险,保护社会中的弱势群体,也成为各国政府所要面对的重大问题。保护受害第三人本非海上责任保险最初的功能,但是由于责任保险本身独具的第三方保险的属性,责任保险逐渐为各国政府所重视,成为分散社会风险的重要制度。所以,保护受害第三人已经逐渐成为海上责任保险制度独特且十分重要的趋势之一。

同时,正是在归责原则更加严格的背景下,责任保险受到人们的重视。可以说,严格责任原则的存在,在很多情况下是依靠责任保险制度的支撑才得以实现的。否则,即便在采取严格责任的情形下,若侵权人无力承担危险造成的损失,该种归责原则将丧失实效,难免引发民众对立法权威的质疑。

从理论上看,海上责任保险应当具备上述三种功能。但研究发现,在现代海上责任保险中,真正发挥作用的是第二种功能,而提升信用度和保护受害第三人的功能却并未得到充分实现,这也决定了未来改革的重点。

第二节 海上责任保险合同

海上责任保险合同是以被保险人对他人所负的赔偿损害责任为保险标的的保险合同,是保障保险人、被保险人及受害第三人合法利益的具有法律效力的文件,也是解决相关方之间纠纷的依据,因此对海上责任保险合同的研究具有重要的意义。海上责任保险合同既为保险合同的一种,又为责任担保的一种。本节就海上责任保险合同的法律特征及主体进行分析,试图将这些问题逐一厘清。本书第一章第一节对海上责任保险制度的基本概念、历史源流进行了阐述。本书通过对海上责任保险制度的历史追溯发现,其功能与价值呈现出由效益向公平转变的趋势。而责任保险制度所依托的海上责任保险合同因其射幸性、承担风险的非唯一性,以及制约功能的明显局限性,使海上责任保险制度陷入困境。由此,在对海上责任保险制度形成理论认知后,

第二节进一步探讨海上责任保险合同的具体内容，目的是从规范的角度探究海上责任保险制度的立法意图以及在司法实践中暴露的问题，进而从事实与规范的二元分析框架出发，提出缓解制度困境、推动制度调整的立法建议与发展路径。

一、海上责任保险合同的特性

海上责任保险合同是海上保险合同的一种类型，对其法律特征的研究需借鉴海上保险合同法律特征的研究方法。我国《海商法》第216条对海上保险合同进行了界定。既然海上责任保险合同是海上保险合同的一种，那么海上责任保险合同应该是指保险人按照约定承担赔偿责任，而投保人向保险人交付保险费的合同。海上责任保险合同是一类特殊的责任保险合同，因而也应体现责任保险合同的独特属性。海上责任保险合同既是保障保险人、被保险人及受害第三人合法利益的具有法律效力的文件，也是解决上述相关方之间纠纷的依据，因此对海上责任保险合同的研究具有重大意义。

（一）海上责任保险合同的双务性

根据合同的当事人是否互负义务，合同可分为单务合同与双务合同。其中，双务合同指当事人双方互享权利且互负义务的合同。[①] 在海上责任保险合同中，根据约定，投保人对保险人负有缴纳保险费的义务，作为对价，被保险人负有赔偿损失的义务，这种保险人与投保人（被保险人）之间的权利义务设定符合双务合同的要求。当然，海上责任保险合同涉及第三方的权利义务，即保险人、投保人及被保险人，保险人对被保险人负有义务，投保人对保险人负有义务，但如果保险人对投保人负有义务，那被保险人的权利义务是如何与投保人、保险人对应的？难道这应该是单务合同吗？一些英美法系的学者支持保险合同是单务合同，其理由在于，在保险合同中，投保人虽有缴纳保险费的义务，但是这种给付义务具有不确定性与非强制性。然而，这种观点是错误的，因为其未正确认识保险人义务的履行期间，仅仅将

---

① Malcolm A. Clarke, *The Law of Insurance Contracts*, Lloyd's of London Press, 1997, p.21.

视线局限在合同成立时的权利与义务上。至于被保险人的权利义务如何与投保人、保险人对应的问题，可以从两种视角分析。第一种视角为大陆法系国家采用的三分法。[①] 保险合同涉及的主体为投保人、被保险人与保险人三方，投保人为被保险人的利益与保险人签订保险合同，但合同的当事人为投保人与保险人，此时的保险合同具有明显的为第三人利益订立合同的性质。投保人对保险人负有缴纳保险费的义务，保险人对投保人负有当保险事故发生时对投保人所保护的被保险人支付保险金的义务。第二种视角为英美法系采用的二分法。保险合同的投保人与被保险人具有一致性，可被看作一方，大多数时候投保人与被保险人是同一主体。此时，投保人对保险人交付保险费的义务也是被保险人对保险人的义务，而当保险事故发生时，保险人对被保险人给付保险金的义务也是保险人对投保人的义务。[②] 如此，便解决了上述提到的被保险人的权利义务与投保人、保险人一一对应的问题，这说明保险合同具有双务性特质。由于海上责任保险合同属于保险合同的一种类型，因而也就证明了海上责任保险合同具有双务性的特点。

但除了投保人和被保险人之外，海上责任保险还存在着受害第三人这个重要主体。在责任保险上，原本应该向被保险人履行的义务在大部分情况下被直接转移到了受害第三人身上。根据《保险法》的规定，保险人在特定情形下可直接对受害第三人履行给付责任，这与典型的保险合同所具有的双务性并不完全一致。在英美法系语境下，投保人和被保险人可以被视为一体，但在责任保险中，受害第三人无论是在权利还是在义务上都无法与投保方归为一类，这也决定了责任保险的双务性不同于一般的保险合同，保险人不仅需要对投保方承担合同义务，还需要对受害第三人承担法定赔偿责任。

（二）海上责任保险合同的有偿性

有偿合同是指当事人之间需要支付对价的合同。[③] 大部分的保险合同均为有偿合同，因为投保人或被保险人获得保险人提供的风险保障的对价为缴

---

① Spencer L. Kimball, *Cases and Materials on Insurance Law*, Little Brown & Co Law & Business, 1992, pp.365-366.

② Malcolm A. Clarke, *The Law of Insurance Contracts*, Lloyd's of London Press, 1997, p.371.

③ 参见樊启荣《保险法》，北京大学出版社2011年版，第23页。

纳保险费，这一点是毋庸置疑的。①具体到海上责任保险合同，其亦具有有偿性。海上责任保险合同的投保人或被保险人通过支付保险费，转移其运营过程中对他人的损害赔偿责任；海上责任保险合同的保险人则通过收取保险费，承接被保险人转嫁的风险。保险事故发生后，投保人或被保险人和受害第三人的损失被尽可能地降到最低，但这可能使保险人面临重大的赔付压力。倘若海上责任保险合同为无偿性，保险人无保险费收入来源，却须无偿承接投保人或被保险人转移的风险，则保险事故发生后，保险人将缺乏资金基础对投保人或被保险人、受害第三人甚至自身损失承担责任。因此，从这一角度而言，海上责任保险合同必须是有偿的才能支撑整个保险机制的正常运营。

同时，海上责任保险合同的有偿性也意味着其具有对价性，不同程度的海上责任风险对应着不同的保费。海上责任风险越高，相对应的保费就越高，保险人承担的赔偿责任也越大；而海上责任风险越低，相对应的保费越低，保险人承担的赔偿责任也越小。这种对价关系在无形中对投保人或被保险人形成一种激励机制，促使他们在运营中更加谨慎。为了少交保费，投保人或被保险人将在海上运营过程中尽可能地减少不必要的风险，会更加谨慎地运营，将海上责任风险尽可能地降低，这反过来又将对第三方的人身和财产增添一道新的保护机制。

海上责任保险合同的有偿性将为保险人提供丰富的资金积累，将使保险人在以后发生保险事故时拥有足够的能力去对投保人、被保险人和受害第三人所遭受的损失予以赔偿，填补其因事故造成的损失，支撑整个保险制度的正常运行，维持社会的稳定发展。并且，海上责任保险合同的有偿性也将对投保人或被保险人形成一种激励机制，促使他们在运营中更加谨慎，使其尽可能地降低海上责任风险，进而保护第三方的人身和财产安全。

（三）海上责任保险合同的诺成性

诺成合同是相对于实践合同而言的，指合同的成立不需要交付标的物或完成交付等行为，只需当事人各方的意思表示一致即可。根据《保险法》

---

① Malcolm A. Clarke, *The Law of Insurance Contracts*, Lloyd's of London Press, 1997, p.19.

第 13 条的规定，保险合同的投保人签订保险单，保险人确认对其承保时合同便成立，并非在投保人交付保险费时成立。如此，保险合同是投保人与保险人意思表示一致的产物。无须双方实际履行交付义务的合同，是诺成性合同。海上责任保险合同是在保险合同的基础上更为专业化、细致化的产物，必然具备保险合同的一些特质。我国对海上责任保险的规定相对简略，难以作为海上责任保险合同具有诺成性这一观点的分析依据。从海上责任保险的法理基础——分散风险出发，可推导出海上责任保险合同的成立要件与一般保险合同一致，只需投保人与保险人达成签订合同的意思表示。这一规既能更加方便地保护投保人或被保险人的利益，也能更有效地分散海上运营中的风险。[1] 由于海上责任保险承保船舶在海上运营中对他人造成的损害风险，其保险标的与一般保险合同不同，因此将海上责任保险合同定性为诺成性合同，对保护受害第三人的合法权益尤为重要。

（四）海上责任保险合同的射幸性

射幸合同是指以某种机遇的成就或某种事件的发生为履行条件的合同，[2] 在缔约时不能准确预见其发生可能性。这类合同的典型代表有：有奖销售合同、保险合同等。保险合同的射幸性体现在保险事故的发生具有不确定性，投保人倾向于认为保险事故在未来保险期间内会发生，而保险人则倾向于认为保险事故在未来的保险期间内不会发生。在保险期间内，若发生保险事故，投保人对保险事故发生的预测将成为现实，其在遭受损失的同时可获得远高于保险费的保险金，保险人必须对其支付保险金；若保险事故未发生，则保险人对保险事故不发生的预测成为现实，保险人不必向投保人或被保险人支付保险金，同时还获得了投保人缴纳的保险费。正是保险事故发生的不确定性使保险合同具有射幸性，也使投保人或被保险人与保险人之间产生一种利益博弈。海上责任保险合同作为保险合同的一种衍生合同，其存在的背后也天然地蕴藏着双方对保险事故可能发生的利益博弈。由于海上责任保险承担的是海上责任风险，这一风险与一般保险合同所承担的风险存在差异，

---

[1] P. T. O'Neill, J. W. Woloniecki, *The Law of Reinsurance in England and Bermuda*, Sweet & Maxwell, 1998, pp.8-11.

[2] 参见傅廷中《海上保险合同及其立法》，载《世界海运》2003 年第 10 期，第 29 页。

且具有特殊性，致使这种射幸性在海上责任保险中体现得更为充分。[①]

由于保险事故发生的不确定性，海上责任保险合同的订立和履行并非遵循着市场的等价交换规律，这意味着投保人缴纳的保险费与保险事故发生后获得的保险金赔偿是不成比例的。我们经常会看到，投保人交了保险费但因保险事故未发生而无法领取保险金的现象，以及投保人只交了一点保险费却因保险事故的发生而获得高于保险费成千上万倍的保险金的现象，这些都是射幸性这一特点导致的。也正是因为射幸性这一特点，有人将海上责任保险合同作为一种赌博的手段，故意制造保险事故来换取高额的保险金，置他人的生命、财产以及大自然环境于不顾。保险利益原则的出现，为遏制有人借用海上责任保险合同的射幸性谋取不当利益的行为设置了障碍，即避免了海上责任保险合同的射幸性特质被不法者滥用，又为防范可能出现的道德风险提供了有效的解决办法。

但是，海上责任保险的射幸性与道德风险之间的问题仍较为特殊。海上责任保险的给付对象实际上是被保险人造成的事故当中的受害第三人。根据责任保险现代通用的立法条款，在被保险人赔偿受害第三人之前，保险人不应向被保险人给付保险金。因此，在责任保险中被保险人本身并无获得保险金的可能性，也因此丧失了通过射幸性获利的可能性。并且，在一般保险中出现的超额保险或重复保险等问题，虽然也可能引发被保险人的道德危险，但责任保险属第三方保险，其所保利益为消极利益，没有固定的界限，即受害人的损失并没有预先可估计性，所以在责任保险上一般不会出现超额保险的问题。这也决定了海上责任保险虽然具有射幸性，但是其引发道德风险的概率较低。

（五）海上责任保险合同的对人性

对人合同是指以对方的诚实守信为履约条件的合同。海上责任保险合同具有对人性，这点主要体现在以下两个方面。

第一，纵然海上责任保险合同涉及的保险标的为投保人或被保险人对第三人的责任，但在整个合同成立的期间，人都是合同成立、存续、履行的关键因素。在海上责任保险合同成立之初，保险人与投保人是促使海上责任保

---

① 参见樊启荣《保险法》，北京大学出版社2011年版，第24页。

险合同达成的核心。保险人根据投保人或被保险人之前的行为来判断投保人或被保险人在未来的一段时间内对他人造成损害的可能性大小，最终决定是否对其承保并决定保险费率的问题，而投保人或被保险人则根据保险人之前的营业状况、赔偿比例等决定是否向其投保。归根结底，合同的成立与否，由海上责任保险合同的保险人与投保人或被保险人根据彼此的历史行为所反映的诚信状况来决定，这便充分体现了在此阶段海上责任保险合同的对人性。[①] 在海上责任保险合同存续期间，被保险人在海上运营过程中危险程度的增加会直接影响保险人的承保责任，因此，投保人或被保险人及时如实地将危险程度增加的情况告知保险人，会使保险人及时地变更保费税率以便降低经营风险。在这个阶段，投保人或被保险人是否将危险如实告知保险人，取决于投保人或被保险人是否具有诚信，这本质也是一个关乎人性的问题。海上责任保险合同的履行阶段，也充分反映出人性方面的问题。当海上保险事故发生后，即使被保险人及时将发生的保险事故告知保险人，保险人根据海上责任保险合同对被保险人给付保险金的过程也不是一帆风顺的。在实务中，当被保险人向保险人请求支付保险金时，保险人会尽可能找理由来推脱支付保险金，使被保险人的损失得不到补偿，从而造成海上责任保险合同订立的初衷无法实现。

第二，合同的成立、存续、履行的基础在于双方的信用问题。从宏观的角度来看，合同在订立、存续和履行的各个阶段存在着关于投保人、被保险人、保险人及第三人的潜在因素——诚信。任何一个阶段出了问题，与之有利益关联的相对方都会失去获得法律保护的可能性，无法真正实现保险的价值追求——分散风险的功能。因此，保险合同的这一特点，再加之海上责任保险合同更为特殊的保险标的——对第三人的责任，便要求在海上责任合同的订立、存续以及履行的各个阶段中，各利益关联者都须遵守最大诚信原则，以真正实现订立海上责任保险合同的目的。

海上责任保险虽然具有对人性，但是海上贸易的及时性又使得海上责任保险在经营中多采用保险单转让的方式，这使得海上贸易中的运输人能够及时获得保险保障。这种方式是海上贸易的要求，但同传统理论中的对人性不免存在不一致之处：首先，海上责任保险的对物性更加突出，保单不会因为

---

① Robert E. Keeton, *Basic Text on Insurance Law*, West Publishing Company, 1971, p.44.

流转而产生效力上的改变；其次，虽然海上责任保险的保单对被保险人的考察通常是投保过程中重要的因素，但更重要的是评估保险标的本身存在的危险性；最后，海上责任保险注重于物品所产生责任的大小，而与人的因素相去较远。由此可见，海上责任保险本身在对人性上相对较弱。

（六）海上责任保险合同的附合性

海上责任保险合同是典型的格式合同。格式合同是指一方当事人事先订立合同的条款，另一方只能对其拟定的合同条款选择接受或不接受的合同。因此，这种格式合同在成立之初便使合同的当事人处于不平等的地位，提供格式合同的一方处于主动的地位，而另一方则处于被动的地位。[①] 而海上责任保险合同也是如此，海上责任保险合同的保险人根据自己的意愿单方拟定合同的内容，投保人或被保险人只能选择是否与之订立合同，无法在合同中表达自己的意愿，使其只有在依附于保险人的意愿时才能订立合同。

正是海上责任保险合同的这种特性，使得被保险人处于被动的地位。[②] 但是这种特性又是不能被舍弃的，因为通过保险人事先拟定合同条款的这种方式来订立海上责任保险合同对海上保险业，甚至是海上责任保险的发展都是有利的。事先拟定的这种方式可以降低缔约成本，节省交易时间。因为海上责任保险合同的承保对象和范围一般都是特定的，只有符合一定条件的人才会去与保险人订立海上责任保险合同，合同的内容具有重复性，若让每个投保人都与保险人协商合同的内容，那保险人将面临无数的难题，并且也很难很快与被保险人达成协议。[③] 所以，海上责任保险合同必须是格式合同才能更好地促进海上责任保险事业的发展。

由于海上责任保险合同需要通过附合性来尽可能分散被保险人的风险、保护受害第三人，因此只能选择尽可能地解决这种弊端。《中华人民共和国民法典》第 498 条规定，"对格式条款有两种以上解释的，应当作出不利于提供格式条款一方的解释"，《保险法》第 30 条规定，"对于保险合同的条款，保险人与投保人、被保险人或者受益人有争议时，人民法院或者仲裁机

---

① 参见樊启荣《保险法》，北京大学出版社 2011 年版，第 26 页。
② 参见魏华林、林宝清《保险学》，高等教育出版社 1999 年版，第 18 页。
③ 参见樊启荣《保险法》，北京大学出版社 2011 年版，第 26 页。

关应当作有利于被保险人和受益人的解释",尽可能地限制保险人对投保人或被保险人所造成的伤害。

但海上保险本身仍多被视为属于商人保险范畴,其性质与《保险法》调整的一般保险类型并不相同。因为一般陆上保险多为消费者保险,附合性较强,格式合同运用更为广泛,所以在各国一般的保险法上,多有对保险消费者倾斜性保护的措施,但是在海上保险上,却倾向于固守形式平等的界限。所以,海上责任保险所依据的法律规范具有较强的形式平等性,其对海上责任保险被保险人的约束性较一般保险更强。

(七)海上责任保险合同的非要式性

根据合同的成立是否具备形式要件,可以将合同分为要式合同与非要式合同。形式要件对要式合同与非要式合同的生效有着不同的影响,并非缺乏法定形式要件就必然导致要式合同不成立,有的要式合同在不具备法定形式时是不成立、不生效或不具有强制执行力的,而不具备法定形式要件对非要式合同的成立几乎是没有影响的。海上责任保险合同为非要式合同,具有不正式性的特点。当不具备形式要件时,海上责任保险合同也成立。[①]

我国《保险法》第13条规定为海上责任保险合同的非正式性提供了基本的法律依据,表明法律肯定以书面或非书面形式订立的海上责任保险合同是成立的。[②] 我国《海商法》中也有相关规定。例如,第221条未明确协议形式是书面协议还是口头协议,这为海上责任保险合同的非正式性提供了法律依据。作为保险合同的一种,更作为海上保险合同的一种,海上责任保险合同既能适用一般保险合同的相关规定,也能适用海上保险合同的相关规定。既然一般保险合同与海上保险合同都规定相关的合同为非要式合同,则海上责任保险合同应然地也具有这种特质——非要式性。

同时,海上责任保险合同也须是非要式合同才能适应海上瞬息万变的风险。[③] 海上责任保险合同的保险标的为被保险人对第三人造成的损害责任,

---

[①] 参见桂裕《保险法论》,台湾三民书局1981年版,第38页。

[②] 《中华人民共和国保险法》第13条规定:"投保人提出保险要求,经保险人同意承保,保险合同成立。保险人应当及时向投保人签发保险单或者其他保险凭证。保险单或者其他保险凭证应当载明当事人双方约定的合同内容。"

[③] 参见林群弼《保险法论》,台湾三民书局2006年版,第54页。

通过对被保险人的消极责任进行赔偿，可以保护受害第三人的利益，填补其因保险事故的发生而造成的损失。如果海上责任保险合同为要式合同，当对受害第三人负有侵权或违约责任的加害人无力赔付损失时，保险人会尽可能地逃避责任，使得第三人的损失无法得到赔付。如果海上责任保险合同为非要式合同，那么在上述情况中，加害人可通过之前与保险人订立的海上责任保险合同要求掌握丰厚资本的保险人支付保险金，进而实现填补受害第三人损失的功能，真正实现保险的价值——分散风险，填补损失。[①]

虽然一般意义上认为海上责任保险具有非要式性，但海上责任保险有其自身的特点：一方面，海上责任保险属于商人保险，在经营上有特殊方式，一般通过较为标准化的合同确定海上责任保险的权利与义务；另一方面，由于海上保险合同常包含运输保险成分，具有相应的流通性，实务中多存在通过转让保险单变更被保险人的情形。虽然在变更被保险人的方式到底属于变更原合同还是成立新合同的问题上仍有争议，但转让保险单的方式已经和主流的诺成性有所冲突。此外，早期保险合同一直被视为要式合同，这种认识主要源于早期海上保险经营中对合同要式性的要求。这种要求的产生，一方面是由于早期海上贸易是一国财政收入的重要来源，需通过要式合同形式征收印花税；另一方面则推动了早期的要式合同理论的形成。虽然这种认识在现代理论中已经产生转变，但也足以体现海上保险和普通保险的不同之处。

二、海上责任保险合同的主体

合同的主体是构成合同的主要因素之一，海上责任保险合同也必然离不开对合同主体的研究。海上责任保险合同的主体，主要是指在平等自愿的基础上，相互约定自己和对方的权利义务分配并存在利益关联的合同相关人。合同主体又可根据其与海上责任保险合同的关系，划分为合同的当事人与合同的关系人。前者是指直接承担海上责任保险合同权利义务的人，具体表现为投保人、保险人；后者是间接承担海上责任保险合同权利义务的人，通常表现为被保险人与受害第三人。

---

① 参见桂裕《保险法论》，台湾三民书局1981年版，第38页。

(一)保险人:保险公司与互助保险团体的并存

保险人是指专门从事保险经营业务的机构,通过与投保人订立保险合同,向投保人收取保险费,并对被保险人承担保险责任的人。我国《保险法》第10条第3款对保险人作出了明确界定。据此,保险人是指享有收取保险费的权利、承担给付保险金义务的保险公司。但由于海上责任保险合同承保的风险仅限于海上责任风险,这使得海上责任保险合同与一般保险合同相比极具特殊性,故对其保险人的分析在参考一般保险合同的同时也要将其特殊性纳入考虑范畴。纵观海上保险责任的发展历史,可知船东互保协会在海上责任保险的历史演变过程中充当了不可或缺的角色。在对海上责任保险合同的保险人进行分析时,不能仅局限于《保险法》的规定,还应当对船东互保协会等互助保险团体进行重点分析。

1. 保险公司

保险公司在海上责任保险的历史发展过程中,并未占据特别的优势地位,只能作为对互助保险组织的一种补充,属于在近代才发展起来的保险人。在世界范围内,保险公司较少分担海上责任保险的业务,而在我国,保险公司则处于更为主要的地位。

我国的海上责任保险起步于1953年中国人民保险公司对船舶保险业务的开放。当时中国人民保险公司采用伦敦协会的条款,对船舶进行保险,也对当时影响最为广泛的碰撞责任进行承保。[1] 随着海上责任保险的发展,中国人民保险公司在参考国外保赔协会油污责任风险的基础上,制定了《油污和其他保赔责任险条款》,对当时的少量远洋运输油船进行承保。1976年,中国人民保险公司制定了保赔保险条款,开始依据该条款规范承保业务范围内的海上责任风险。到改革开放之后,随着保险市场的开放,海上责任保险的办理逐渐成为各个财产保险公司均可经营的业务。但对于海上责任保险的业务,我国在法律层面上并没有专门的规定,因此海上责任保险业务的展开仍然按照《保险法》的规定。因而,就现状来看,经营海上责任保险业务的保险人与一般财产保险公司在设立条件上并无实质差别。

2. 船东互保协会

船东互保协会,或称船东互助保险组织,是随着海上责任保险业的发

---

[1] 参见樊启荣《保险法》,北京大学出版社2011年版,第39页。

展而逐步形成的组织，专门对海上运营过程中船东的责任风险进行承保。船东互保协会是海上责任保险的保险人。船东互保协会是由船东自愿组成的组织，目的主要是对海上运营的责任风险进行相互保险。

一般而言，船东互保协会的属性为社团法人，属于实行互助保险的非营利性的社会团体，而商业保险公司的性质为财团法人，具有营利性，两者存在很大区别。在船东互保协会中，只要船东具备入会资格，便可成为会员，向协会缴纳会费，并可要求互保协会对其运营过程中的海上责任风险进行承保。船东互保协会由船东自发组成，具有团体性，目的是为特定人员（即会员）分散海上责任风险。其与一般商业保险公司的区别在于具有非营利性，收取的会费用于协会内部会员的保险索赔和日常管理开支等。因此，船东互保协会的基本运作模式便是通过收取会员缴纳的会费，承诺对会员的海上责任风险进行承保，会费构成承保的资金基础，最终实现会员间的相互保险。在船东互保协会中，每个会员既是投保人、被保险人，又是保险人，即当自己是投保人、被保险人时，便是海上责任保险合同的投保人、被保险人；当自己不是投保人、被保险人时，便是海上责任保险合同的保险人。MIA1906对船东互保协会的互保方式进行了肯定，其第85条规定，"两个以上之人同意，彼此为海事损失保险者，谓之相互保险"。自此，船东互保协会的存在便具有法律所认可的地位。[①]

当前，在世界范围内大约有20家船东互保协会，其中，英国和北欧的船东互保协会业务量最大，其业务量占全世界海上运输船舶业务量的80%以上。[②] 随着海上运输业的发展，海上责任保险的主体越来越国际化，不同国家船舶之间的商贸往来越来越多。为了更好地促进海上责任保险的发展，制定更为标准、统一、方便的规则，由世界上12家保赔协会组成的国际保赔集团便应运而生。国际保赔集团的成员主要为欧洲、亚洲、美洲的保赔协会，对全世界将近90%的远洋船舶进行承保。[③] 作为国际保赔集团成员的各

---

① 参见安丰明《船东保赔协会法律制度研究》，西南政法大学2004年博士学位论文，第86页。
② 参见王海明《船舶保险理论实务与经营管理》，大连海事大学出版社2006年版，第331页。
③ Edgar Gold, *Gard Handbook on P&I Insurance*（5th edition），Gard-gjensidig, 2002, pp.96–113.

个保赔协会是独立经营的，其他保赔协会不得进行干涉。当各个保赔协会内发生海上责任保险事故，索赔数额在本保赔协会自身可承担的能力范围或限额内时，各个保赔协会内部自行解决索赔事件；只有当索赔数额超过本保赔协会承担的能力范围或限额时，此保赔协才会可向国际保赔集团或其他独立的保赔协会请求支援，超过的额度可向国际保赔集团申请由集团的共同基金承担或向各保赔协会申请相互承担。当前各个保赔协会的组织形式与原来的相比，发生了很大变化，由原来分散的团体演化为统一的公司。这一变化对会员之间的互保是极为有利的，因为在之前松散的管理模式中，会员要想承保就必须要求其他会员都在保单上签字或作出同意承保的表示，这是一项浩大的工程，效率低下，但是在公司的管理模式下，会员要对自己船舶的海上责任风险进行投保，只需签署申请书，由公司同意承保即可。这便大大提高了办事的效率，使船东（即会员）在面对风云变幻的海上风险时，心理上能得到些许安慰。但是有一点需要明确的是，即使船东互保协会的组织模式发生了变化，其运作模式也并未改变，仍为船东之间相互分散海上责任风险的互保模式。

  船东互保协会自成立以来，承保的海上责任风险的范围主要为商业保险涉及不到的范围，也是商业保险不愿涉及的领域。[①]最初承担的内容包括船舶保险人不愿承保的四分之一的碰撞责任、对第三人的人身伤亡责任。随着海上保险事故越来越复杂、分类越来越专业，承保的内容慢慢扩展至货物损坏的责任风险，船员、旅客、装卸工人人身伤亡及个人物品、行李损失的风险，因意外事故引起的船员遣返或替换的费用，检疫、绕航和救生费用，油污索赔及罚款，触碰港口、码头、船坞或其他固定物体的赔偿责任，清除船舶残骸的责任，由拖带合同产生的合同责任，货损货差责任，处理偷渡者与避难人员的费用，各种海事调查、罚款和律师诉讼费用，因故不能收回的应由货主分摊的共同海损额，防止或减少损失的费用，以及经保赔协会董事会核准的其他风险和赔偿责任。纵使船东互保协会承保的种类越来越多样化，海上责任保险也依然是其承保的核心，不会发生变化。[②]在我国，司法裁判

---

  ① 参见林大鹏《幕后力量——船东互保协会与海难救助制度的发展》，载《世界海运》2001年第4期，第32页。
  ② 参见林大鹏《幕后力量——船东互保协会与海难救助制度的发展》，载《世界海运》2001年第4期，第22页。

也对船东互保协会的法律地位作了明确界定。最高人民法院在"隆伯6"一案中指出："船舶互保协会不属于商业保险公司，中国船东互保协会与会员之间的保险合同不属于商业保险。"① 但这在司法实践中已引发诸多争议。中国船东保赔协会系在民政部登记的社团法人，既不属于《保险法》所规定的保险公司，也不属于《保险法》第6条所规定的"法律、行政法规规定的其他保险组织"。由于合同主体不适格，船舶保赔保险合同不属于保险合同，不能适用《保险法》已是最高人民法院的确定结论。而关于船舶保赔保险合同能否适用《海商法》的问题，天津海事法院在重庆市海运有限公司诉中国船东互保协会一案中曾指出："本案不适用《保险法》。从入会证书记载的内容看，被告承诺对保险船舶承担责任，即涉案船舶保赔的标的为船舶，因此船舶保赔合同性质应属于海上保险合同，本案应受我国《海商法》和其他民事法律相关规定的调整，《海商法》作为特别法应优先适用。"② 从逻辑上来看，海上保险合同属于保险合同的一种类型，如果一种合同因不能被认定为保险合同而适用《保险法》，也不应因被认定为海上保险合同而适用《海商法》。可见，目前中国船东互保协会和会员之间的合同的法律适用仍然未完全明确。

值得注意的是，大多数海上责任保险合同都包含"先付条款"（pay to be paid），这一条款已经得到各个保赔协会的认可，在各个保赔协会的规章中都有体现。所谓"先付条款"，是指被保险人只有在已经向受害第三人做出了赔偿的情况下才可向保险人索要保险金，否则保险人可拒绝支付被保险人的保险金。这一条款设计背后的目的在于保护被保险人的损失，而非受害第三人的损失。③ 被保险人只有向受害第三人作出赔付，才会遭受实际财产损失，此时船东互保协会才会作为保险人对其进行补偿。但若被保险人没有向受害第三人作出赔付，保险人则无法估量被保险人在海上责任保险事故中到底遭受了多少损失，无法进行赔偿。我国《保险法》关于责任保险的部分也是如此。但由于"先付条款"只考虑被保险人的利益而不考虑受害第三人

---

① 参见《最高人民法院关于中国船东互保协会与南京宏油船务有限公司海上保险合同纠纷上诉一案有关适用法律问题的请示的复函》（〔2003〕民四他字第34号）。

② 参见（2006）津海法商初字第313-318号。

③ Steven J. Hazelwood, *P&I Clubs: The Law and Practice*（3rd edition），LLP, 2000, p.11.

的利益，对受害第三人的利益保护出现空缺。尤其是当船东互保协会作为保险人时，船东既是保险人的组成部分，又是被保险人。如果此时被保险人不能获得责任保险的及时保障，则与船东组建该组织的目的相悖。

在现代，由于国际市场竞争激烈，船东互保协会发展出一些新常态。例如，"因而出现的保赔协会之间以及保赔协会同商业保险商的合营合并之举，无不表征市场法则和竞争规律在保赔险业务中的价值追求和必然走向"[①]。

3. 其他保险人

除以上两个主要的保险人外，还有一些其他保险人。

（1）承租人互保协会。

租赁船舶是一种重要的船舶运营方式，基本类型有光船租赁、航次租赁和定期租赁三种。船舶承租人在运营船舶的过程中，也面对着一系列潜在的需要承担的责任。光船承租人通常是船舶所有人责任保险下的共同被保险人，但是航次租赁和定期租赁的承租人就需要寻求单独的承租人责任保险。

在当今航运环境下，承租人面临的责任风险不仅数量日益增多，而且风险涉及的金额也不断增大。首先，如果承租人装运危险货物、指定不安全港口或提供质量不合格的船舶燃油，由此对船舶造成损害，需向船舶所有人承担赔偿责任；其次，当承租人在运输合同下作为承运人时，需对货物所有人承担货物损坏或灭失的赔偿责任；再次，承租人同样可能需要承担给第三方造成的人身损害赔偿责任、财产损坏赔偿责任和污染责任；最后，作为船上燃油的所有人或集装箱所有人，承租人可能需要承担分摊共同海损或救助费用的责任。

在上述情况下，承租人需要的责任保险与船舶所有人需要的责任保险在内容上就非常类似，所以，承租人责任保险最初也是由互保协会提供的。例如，总部位于伦敦的承租人保赔协会（Charterers P&I Club）就是这一专业领域内成立时间最长、经验最为丰富的机构。该协会在中国也开展了相应的业务，其中，责任险部分包括租用船舶的灭失/损坏责任（DTH）、承运货物的灭失/损坏责任（CARGO）、与船舶营运和货物运输相关的其他一般责任风险（P&I）。

---

① 安丰明：《从互助到保障和赔偿：船东保赔协会演变研究》，载《现代法学》2003年第10期，第110页。

在承租人互保协会中，租船人因使用权限相关问题，如指定不安全港口、提供不合格燃油等，可能会使船东面临对第三人的责任风险。承租人互保协会由于规模比较小，承担的责任限额也仅为 1 亿美元，故在规模与力量上都无法与船东互保协会相提并论。

（2）联运互保协会。

随着集装箱的发明和广泛应用，无船承运人也随之兴起。但是由于无船承运人无法对货物和船舶享有实际控制权，其在货物运输过程中产生的责任无法被原来的责任保险所涵盖，因此，1970 年联运互保协会成立。[①] 该协会主要承保联运经营人装卸货物前后的责任风险。[②] 经过多年发展，该协会业务逐渐拓展至其他更广的领域，如航运公司集装箱责任险、集装箱公司责任险、陆运拖卡责任险等。[③]

海上责任保险的保险人是指与海上责任保险的投保人或被保险人签订合约，承诺在海上保险事故发生时对第三人所遭受的损失承担赔偿责任的机构，主要包括船东互保协会、商业保险公司及其他互保协会。但从上述分类也可以看出，与一般陆上保险不同，海上责任保险目前仍保留着保险互助组织这一带有早期保险业特征的保险人组织。公元前 916 年的《罗地安海商法》规定："为了全体利益，减轻船只载重而抛弃船上货物，其损失由全体受益方来分摊。"该原则最早体现了海上保险分摊损失、互助共济的特征。后来在 17 世纪的德国，由互助合作社组织的火灾互助保险，也带有较强的互助性质。然而，由于互助保险的会员之间达成契约及运营管理的成本十分高昂，随着社会生产的发展，保险公司逐渐兴起并发展壮大。因保险公司在保险品种设计、契约达成效率、理赔效率、运营管理等方面相对更为高效，故逐渐取代了保险互助组织的地位。可以说，互助保险是一种形态更为原始的保险，其在运用上更具有风险性而非营利性。但由于海上贸易或生产所造成经营主体在区域上的集中性，这种形式的组织在目前仍然存在，而其终究属于非常见形态。联运互保协会资金的监管、保险组织与被保险人之间的权利义务关系，仍有进行特别研究的必要。

---

① 参见陈定安《联运保赔协会简介》，载《集装箱化》1999 年第 3 期，第 31 页。
② 参见汪鹏南《海上保险合同法论》，大连海事大学出版社 1996 年版，第 357 页。
③ 参见陈定安《联运保赔协会简介》，载《集装箱化》1999 年第 3 期，第 31 页。

（二）投保人

投保人是指与保险人订立保险合同的人。我国《保险法》也确立了投保人作为保险合同主体的地位。具体到海上责任保险合同中，投保人是指与船东互保协会或保险公司订立海上责任保险合同，约定由船东互保协会或保险公司对被保险人承担保险责任，向船东互保协会或保险公司缴纳保险费的船东、货主、承运人等当事人。

关于投保人是否需对保险标的具备保险利益及何时具备保险利益，学界争论不止。我国《保险法》并未要求投保人必须对保险标的具备保险利益，但也有观点认为保险合同的投保人应对保险标的具备保险利益。[①] 结合海上责任保险合同的特殊性，海上责任保险合同的投保人并不必要对保险标的具备保险利益，因为海上责任保险合同为财产保险合同，投保人与被保险人并不必然是同一人。当两者不为同一人时，投保人仅为被保险人的利益而投保，只是出于某种利益关系而对其予以保护，与保险标的无关。除此之外，在当今立法趋势下，若投保人造成保险标的的损坏，保险人对投保人的代位求偿请求可获法院支持。[②] 当两者为同一人时，投保人即被保险人，被保险人与保险标的具有极大的关联，此时可要求被保险人对保险标的具备保险利益。[③] 而至于何时要对保险标的具备保险利益，由于海上责任保险合同为财产保险合同，根据我国《保险法》的规定，应当为保险事故发生时，对此并无争议。

大陆法系与英美法系对当事人的分类标准不同，导致其对保险标的具有不同影响。在大陆法系三分法的模式下，当投保人与被保险人合二为一时，投保人须对保险标的具备保险利益，故在海上责任保险事故发生时，

---

① 参见陈云中《保险学》，台湾五南图书出版公司1985年版，第111页；李玉泉《保险法》，法律出版社1997年版，第111页。

② 在最高人民法院颁布的《关于适用〈中华人民共和国保险法〉若干问题的解释（四）》（征求意见稿）中，第12条规定"投保人和被保险人不是同一人，因投保人对保险标的的损害而造成保险事故，保险人依据保险法第六十条对投保人行使保险代位求偿权的，应予支持，但法律另有规定或者合同另有约定的除外"。

③ Willam C. Hoffman, "Common Law of Reinsurance Loss Settlement Clauses: a Comparative Analysis of the Judicial Rule Enforcing the Reinsurer's Contractual Obligation to Indemnify the Reinsured for Settlements", *Tort & Insurance Law Journal*, 1993, 28（4）, p.664.

可由投保人即被保险人向保险人请求给付保险金；而当投保人与被保险人分离时，投保人无须对保险标的具备保险利益，被保险人要对保险标的具备保险利益，故在海上责任保险事故发生时只能由被保险人向保险人请求支付保险金。在英美法系两分法模式下，投保人与被保险人是一体的，投保时投保人对保险标的是否具备保险利益并不重要，但在海上责任保险事故发生时，投保人只有在对保险标的具备保险利益时，才可享有保险金请求权。

（三）被保险人：责任保险的直接保护对象

被保险人是指对保险人享有保险金请求权的人。在海上责任保险合同中，被保险人是指在海上责任保险事故发生时，对船东互保协会或保险公司享有保险金请求权的船东。海上责任保险制度设立的初衷便是保护船东的利益，避免船东在运营过程中因对第三人造成损害而承担赔付责任时面临巨大损失。海上责任保险合同的被保险人通常为船东，但不同的保险机构中有不同的称谓：在船东互保协会中，被保险人通常称为会员；在商业保险公司的保险合同中，被保险人则称为船东。在大部分情形下，海上责任保险中投保人与被保险人的身份是重合的。由于在投保人部分已对投保人与被保险人之间的关系作出详细解释，故在此不再具体阐述。

（四）第三人：责任保险的间接保护对象

海上责任保险合同中的第三人概念，存在广义与狭义两种界定维度。广义的海上责任保险第三人包括海上责任保险中的受害第三人、责任保单的抵押权人以及除投保人、被保险人、保险人之外的其他主体。狭义的海上责任保险第三人则仅指海上责任中的受害第三人。在海上责任保险理论界，对狭义范畴下受害第三人的探讨最为广泛，本书也从狭义的角度来理解第三人。

与一般海上保险不同，海上责任保险是以被保险人对第三人所承担的赔偿责任为保险标的的保险。针对现代社会风险因素增加、受害人遭受损失后追究机制不完备的现状，世界上很多国家或地区均在其海上保险中增设了海上责任保险这一险种。海上责任保险以保障第三人利益为目的，其合同突破了传统合同相对性理论的局限。在保险合同领域，涉及第三人利益保护的规范主要体现在两个领域：一是第三人对被保险人侵权的情形下，涉及保险人、被保险人与第三人之间有关赔偿请求权与抗辩权的制度设计与安排；二是被保险人对第三人侵权的情形下，涉及第三人对保险人、被保险人有关赔偿请求权与抗辩权的制度设计与安排。因此，从这个意义上来讲，有关第三人的特殊规定，是海上责任保险区别于一般海上保险在合同主体方面最重要的标志。

一般情形下，当被保险人对第三人的赔偿责任已经具体而明确，并且保险人尚未对被保险人进行赔付时，海上责任保险中的第三人可以成为保险人的直接给付对象；在特定情形下，当被保险人对第三人的赔偿责任已经具体而明确，并且第三人直接向保险人请求赔偿时，海上责任保险中的保险人就只能对第三人履行直接赔偿义务。无论是大陆法系国家还是英美法系国家，都肯定了海上责任保险中第三人的直接法定请求权，概括起来有两种立法例：一种是大陆法系国家在本国保险法典中规定，受害第三人在法定条件下行使对保险人给付保险金的直接请求权，如德国《保险合同法》第158条的规定；另一种是英美法系国家的做法，赋予第三人在任何情况下都可以行使法定直接请求权的权利，如美国威斯康星州《保险法典》第632条。[①]

在海上责任保险合同中，围绕第三人的赔偿请求权进行的制度与规范设计有很多，究其基本原理，第三人向保险人直接行使赔偿请求权，就避免了被保险人先向保险人请求赔偿，再向第三人赔偿损失的模式所存在的过程漫长烦琐、理赔成本高昂、赔偿效率低下等弊端，可以有效地保障受害第三人的权益，符合责任保险设计的基本理念。[②]就第三人的赔偿请求权的权利来源来说，普遍的观点认为需要区分具体案件情况，既可以是源自被保险人对第三人的违约责任，也可以是源自被保险人对第三人的侵权责任。因而，在界定海上责任保险的第三人时，第三人应当是被保险人的债权人，债权的基础可能是侵权之债，也可能是违约之债。

---

① 参见姜南《论责任保险的第三人利益属性——解析新〈保险法〉第六十五条》，载《保险研究》2009年第12期，第107页。

② Robert E. Keeton, *Basic Text on Insurance Law*, West Publishing Company, 1971, p.44.

三、海上责任保险合同中的保险类型：以保险人类型为划分标准

传统海上保险一般承保的是船舶、货物或者其他海上运输标的可能遭遇的风险，是一种对被保险人提供经济补偿的商事活动。海上责任保险突破了传统海上保险在保险标的上的局限，将其扩展至被保险人对第三人的责任以及由于发生保险事故可能受到损失的其他财产和相关责任。[①]

我国海上责任保险制度起步较晚，但伴随着国际航运贸易的发展和世界航运中心地位的确立，海上责任保险制度在我国迅速落地生根，并逐渐和国际海运保险规则接轨。我国《保险法》《海商法》以及《中华人民共和国海事诉讼特别程序法》等保险法律法规都直接、间接地将海上责任保险纳入调整范畴。除此之外，我国还加入了《1969年国际油污损害民事责任公约》和《2001年国际燃油污染损害民事责任公约》，将油污强制责任保险和直接诉讼制度引入我国海上保险立法体系，进一步提高了我国保险法律与国际海事规则的融洽度。随着我国海上责任保险制度以从无到有、从少到多、从简单到复杂的趋势日益发展完善，海上责任保险的类型也不断增多。从分类上看，从上述有关保险标的的分类就可以推导出保险险种的区别。但对同样的责任，不同类型的保险人所开设的保险险种具有十分明显的差别。因而在类别划分上，以保险人为依据更能够区分保险险种间的差别。

（一）船东互保协会的保赔保险

1. 保赔保险的出现

保赔保险是保障和赔偿保险的简称，最早兴起于英国，具有深刻的历史背景和实践诉求。18世纪到19世纪中期，在印度和北美殖民地，反抗殖民统治的运动相继爆发；19世纪中期，美利坚大陆发生内战。在此期间，全球海上贸易发展陷入瓶颈期。一方面，自然因素或人为因素引发的船舶事故数量大幅度上升，使船东经营成本提高；另一方面，保险事故呈爆炸式增长，导致经营保险业务的公司企业纷纷破产、倒闭，船东们对无从获偿的损

[①] 参见司玉琢主编《国际海事立法趋势及对策研究》，法律出版社2002年版，第351页。

失只能叹息。① 除此以外，个别投机资本家利用航运经营者的侥幸心理和保险业鱼龙混杂的市场环境，趁机大捞一笔，致使本就处于风雨飘摇中的保险市场雪上加霜。基于以上背景，英国广大船东迫于生存的压力，自主成立了船舶保赔协会，该协会具有非营利性、补充性的特征，会员船东秉承互助共益的宗旨，相互分担彼此的船舶风险。每一位船东在自身航运业务中的身份是投保人，但在其他船东贸易活动中却承担着保险人的角色。

船舶保赔协会的会员船东根据海上贸易风险新特征和传统船舶险的局限性，在海上保险领域开创了保赔保险制度。这一创新性制度随着海上贸易实践中产生的新判例不断发展完善。船舶保赔协会也在全球范围内如雨后春笋般涌现，为维护航运安全、降低经营成本、促进世界经济繁荣发挥了重要作用。

2. 保险主体

保赔保险的投保人是对海上船舶、人员、货物等财产具有法律上利害关系的人，主要包括船舶所有人、租赁人、经营者和管理者，以上主体都是适格的投保人。当保险事故发生后，投保人须先行承担对受损方的损害赔偿责任，其后可依据保险合同向保险人要求损害赔偿。

在我国，中国船东互保协会和中国人民保险公司是从事船舶责任风险保险业务的主要保赔保险人。事实上，我国可供从事海上贸易的船舶经营者选择保险人的方式共有三种类型：①向国际保赔协会投保，将风险转移给国际保赔市场；②向中国人民保险公司投保，中国人民保险公司又分保给西班牙、英国或者其他业务能力突出的保赔协会；③加入中国船东互保协会，协会也将大部分风险分保给国际保赔市场。

3. 承保范围

在早期保赔保险的实践中，保险合同当事人严格区分保障保险和赔偿保险的界限。保障保险的承保范围侧重于由船舶所有关系引起的责任或事故，大多是与船舶航运、管理相关的风险，例如，船舶碰撞责任险、船上人员伤亡引起的责任、海上污染责任险等。而赔偿保险则针对由船舶雇佣关系引起的货物责任和船舶营运责任，例如，船舶货物短少、遗失产生的责任，毁损物品的处置费用，无人提货、非正本提单所有人提货产生的费用和责任，签

---

① 参见陈继平《保险、保赔与船级社》，载《中国船检》2004年第6期，第90页。

发联运或转船提单产生的责任等。

时至今日,保障保险和赔偿保险的差异日渐缩小,两者相互影响、相互融合,统一以保赔保险的面貌在海上保险领域发光发热,仅欧洲个别国家的船舶保赔协会仍然沿用这种划分方式。例如,北欧保赔协会将海事保险分为五类:①保障险;②赔偿险;③战争险;④运输险和豁免情形;⑤罢工险。中国船东互保协会2025/26年保赔保险的承保风险则主要包括:①船员伤亡;②旅客伤亡;③船员遣返;④船员遣返和失业;⑤碰撞责任;⑥污染责任;⑦其他引起财产损失的责任等。①可见,我国的保赔保险几乎已经涵盖了绝大部分侵权责任可能涉及的情况,基本等同于海上责任保险。

综上所述,船舶保赔保险的实质就是海上责任险,不同于一般的船舶保险,因此认定保赔保险的承保范围应注意以下三个方面。

第一,互保性。英国船商创立船舶保赔保险的初衷,是规避混乱不堪、投资色彩浓厚的保险市场,转而通过船商间的相互承保来分散海上运输风险。当一个船商的海上经营活动遭遇船舶互保协会保险条款中约定的情形时,他便处于投保人的位置,而其他船商则作为保险人对其负共同的赔偿责任,反之亦然。②由此可见,在保赔保险的初期,投保人和保险人的利益方向是一致的,不同于其他船舶险中投保人和保险人利益相对的情形。虽然时至今日,承保保赔保险的保险机构已不再限于船舶互保协会,但是不可否认这种保险模式仍然在许多国家的海上贸易过程中发挥着独特且无可替代的作用。

第二,补充性。一般情况下,从事远洋航行的船舶都会投保船舶险,而船舶险无法覆盖因海上碰撞、触碰而应向受害人承担的损害赔偿责任。因此,船商为了将影响航运经营成本、收益的风险因素降到最低,还需在船舶险之外投保海上责任保险。海上责任保险的承保范围独立于船舶险之外,却又离不开与船舶险的"合作共赢",因此是一种基于船舶险、具有补充功能的保险。

第三,最高赔偿限额与责任限制原则。通常来说,保险合同当事人会约定发生保险事故导致保险标的物全损时的最高赔偿保险金。如果保险金额等

---

① 参见中国船东互保协会2016年保险条款。

② 参见李政明、贾林青《海上保险合同的原理与实务》,中国政法大学出版社1994年版,第193页。

同于保险标的经济价值,则为足额保险,如果保险金额少于保险标的经济价值,则为不足额保险。在发生保险事故时,保险人按照保险标的损失的比例给付保险金。如果保险金额高于保险标的实际价值,则该约定无效。

船舶保赔保险具有不同于传统保险的独特构造,即以船方对他方的赔偿责任为承保范围,但是赔偿责任的大小在保险事故发生以后无法通过货币价值准确衡量。例如,20世纪中叶,在英吉利海峡发生的"托利卡尼翁"号大型油污污染事故,不计受害各方的各项损失,仅清理海面油污的费用就高达600多万英镑。同时,伴随着科技的进步,远洋航行科技取得阶段性重大突破,更多高吨位级的重型船舰相继下水试航。这些海上"巨无霸"在给人类航海事业带来方便、快捷的同时,也使海洋环境面临更严峻的挑战,使经营海上责任险的保险机构承受更大的压力。基于此,责任限制原则的提出具有重大的实践意义。一般来说,责任限制原则的操作模式主要有三种:一是投保人与保险人在保险合同中约定最高赔偿保险金额,如果双方当事人没有约定,一般保险人将以受害人遭受损失为限承担保险责任;二是投保人与保险人约定最高赔偿保险金额受限于一次保险事故,还是适用于整个保险期间,并据此调整最高赔偿保险金额;[①] 三是根据法律规定,船东(被保险人或会员)可以享受的海事赔偿限制,保险人同样有权享受。

在发展趋势上,鉴于保赔保险的独特优势,有学者提出将碰撞责任从商业保险公司的承保范围中完全剔除,统一由保赔协会承保。因而传统商业保险公司所承保的责任险可能会完全消失,进而使保赔保险成为海上责任保险的代名词。[②] 但是,现实的发展却并没有和这种意见相契合。实际上,除保赔保险外,由商业保险公司推出的其他类型责任保险也在一定程度上获得了发展。

(二)商业保险的险种:碰撞责任险与环境污染险

1. 碰撞责任险

船舶碰撞是国际海上贸易过程中多发的航运事故之一,严重危及船舶本

---

① 参见樊启荣《责任保险与索赔理赔》,人民法院出版社2002年版,第18页。
② 参见司玉琢主编《国际海事立法趋势及对策研究》,法律出版社2002年版,第354–355页。

身、船上人员、货物和其他财产的安全。由于船舶碰撞地多位于广袤无际、施救困难的公海,所以往往会造成巨大的财产损失和人员伤亡,给繁荣的海上贸易蒙上一层阴影。

船东、租船人、经营人等船舶承运人为了保障海上运输安全,降低海上贸易运输成本,会将船舶碰撞风险转嫁给具有雄厚经济实力和保险业务能力的商业保险公司,在投保船舶险的基础上,出于方便投保以及索赔理赔的需要,会在船舶险合同中增设"碰撞责任"条款,[①]这就是船舶碰撞责任险的雏形。

(1)船舶碰撞的原因。

船舶碰撞事故的发生既有主观因素,也有客观因素;既有自然因素,也有人为因素。

从主观因素(人为因素)来看,往往是船东、租船人、运营人等承运人以及其他直接或间接驾驶、操纵船舶的船员由于故意或者过失的心理状态,对可能发生的碰撞事故持积极追求或者消极放任的态度。因为保险人对被保险人故意造成的保险事故免除保险责任,前者不属于船舶碰撞责任险的讨论范畴。就后者而言,有两种表现方式:第一种是承运人通过判断对方船舶航向、航距、避让距离等因素,已经预估到可能有船舶碰撞的风险,但出于对自身驾驶技术、船舶设备的盲目自信,没有采取警示、鸣放声号、转向、减速停船等合理措施,继而造成船舶碰撞;[②]第二种是承运人在行驶过程中违反航行规则、国际海上避碰规则,对航道环境、自然环境的异常变化本应密切观察却疏于观察,无法预见到可能发生的船舶碰撞事故,导致船毁人亡。

如果说人为因素引起的船舶碰撞事故能够因船舶规章制度、设施设备的完善、承运人的审慎适航而逐渐消弭,那么对于客观因素(自然因素)造成的碰撞事故,承运人只能悲叹时运不济而束手无策。

所谓客观因素,包括不可抗力、不可归责于任何一方的原因,以及无法查明的原因。海上不可抗力类型多样,台风、雷击、海啸、海底地震等,时有发生。不可归责于任何一方的事故即意外事故,比如在海上航行过程中,

---

① 参见李凤宁《船舶碰撞责任险承保范围的若干问题研究》,载《武汉大学学报(哲学社会科学版)》2009年第2期,第168页。

② 参见罗家祥《浅谈船舶碰撞事故原因及预防措施》,载《珠江水运》2010年第3期,第54页。

船舶遭遇体型较大的海洋生物的撞击，偏离原有航向或者因采取避让措施而与其他船舶发生碰撞。因科技设备的落后、海运航程的封闭而无法查清船舶碰撞原因时，便可以认定为不明过失导致船舶碰撞。①

（2）保险主体。

我国《海商法》第168条、第169条规定，船舶发生碰撞的，受损方可以向过失方请求损害赔偿。同时根据《保险法》的"保险利益"原则，即投保人应对保险标的具备法律上承认的利益，可以得知过失方对其损害赔偿责任具备保险利益，因此可以成为船舶碰撞责任险的投保人。在海上贸易实践中，具备投保人资格的通常包括船舶所有权人、使用权人、抵押权人、经营人等主体，但是船长、船员、引水员等不能成为适格的主体。

船舶碰撞责任险在不同国家的发展路径不尽相同，因而其保险人也就因地制宜，各具特色。在碰撞责任险的起源地英国，保险人通常为英国保险协会。而在我国，保险人通常为中国人民保险公司。除此以外，一般财产保险公司和船东保赔协会也可开展船舶碰撞责任险业务。

（3）承保范围。

船舶碰撞责任可以分为直接碰撞责任和间接碰撞责任两种类型，其中直接碰撞责任又可以分为船舶碰撞责任和船舶触碰责任。

直接碰撞责任是指非用于军事或者政府公务的船舶之间，在海上或与海相通的可航水域发生实际接触，导致任何一艘船舶上人员伤亡或货物损坏、灭失而产生的损害赔偿责任。② 间接碰撞责任则指上述船舶之间虽无实际接触，但因一方船舶的过失导致他者遭受损害或者灭失的事故责任。③ 通常来说，直接碰撞责任在狭义上可以被理解为船舶碰撞责任，但是伴随着海上物体诸如码头、港口、灯塔、沉船残骸、海底礁石等固定物、浮动物的增多，④航海环境日渐严峻，船舶与上述有形物体之间的触碰也经常发生，成了危及

---

① 参见姚新超《船舶碰撞中的责任保险》，载《世界海运》2005年第5期，第39页。

② 参见最高人民法院颁布的《关于审理船舶碰撞和触碰案件财产损失损害赔偿的规定》第16条。

③ 参见国际海事委员会1987年起草的《船舶碰撞损害赔偿国际公约草案》第1条。

④ 参见应世昌《船舶保险——中英条款比较研究》，上海财经大学出版社1999年版，第73页。

航运安全的另一大隐患。因此，广义上的直接碰撞责任还囊括了船舶与海上人工构筑物、自然生成物等海上物体的触碰引发的触碰责任。

世界上最早办理船舶碰撞责任险的英国保险协会，其承保范围仅限于因船舶直接接触、撞击导致海运事故，从而产生的对他方船舶的损害赔偿责任，并不包括例如"浪损"等非直接碰撞而致其他船舶受损的情形，也不包括被保险船舶与码头、钻井平台、水上飞机之间产生的触碰责任，而且这种承保并不是承担完全责任。根据英国保险协会1983年船舶保险条款的规定，保险人只承担赔偿责任的四分之三。2002年，英国保险协会对船舶保险条款进行了修订，允许投保人和保险人自由选择四分之三责任保险或者四分之四责任保险。

与英国保险协会不同，中国人民保险公司的承保范围既包括直接碰撞责任，也包括间接碰撞责任。中华人民共和国最高人民法院1995年颁布的《最高人民法院关于审理船舶碰撞和触碰案件财产损害赔偿的规定》第16条对间接碰撞予以承认。① 而对于触碰责任，中国人民保险公司也将其纳入船舶保险的承保范围中："被保险船舶与其他船舶碰撞或者触碰任何固定的、浮动的物体或其他物体而引起被保险人应负的法律赔偿责任。"② 至于保险人承担的保险责任，中国人民保险公司船舶保险条款承保的是四分之四的碰撞与触碰责任，而其"沿海、内河船舶保险条款"承保的则是四分之三的碰撞与触碰责任。③

2. 海上污染责任险

21世纪是海洋贸易主宰世界经济命脉的时代，各国和地区都将发展海洋事业作为国家经济战略的着力点。但是伴随海上贸易的勃兴，海洋环境却频传噩耗——赤潮、大面积油污、海中生物凋零……不可否认，造成海洋生态环境恶化的"罪魁祸首"之一便是人类日渐倚重的海洋经济。

---

① 《最高人民法院关于审理船舶碰撞和触碰案件财产损害赔偿的规定》第16条："船舶碰撞"是指在海上或者与海相通的可航水域，两艘或者两艘以上的船舶之间发生接触或者没有直接接触，造成财产损害的事故。

② 李凤宁：《船舶碰撞责任险承保范围的若干问题研究》，载《武汉大学学报（哲学社会科学版）》2009年第2期。

③ 参见李凤宁《船舶碰撞责任险承保范围的若干问题研究》，载《武汉大学学报（哲学社会科学版）》2009年第2期。

（1）海上污染的产生。

在人类几千年文明发展的历史长河中，直到近代才大规模迈入"海洋世界"。海洋作为人类繁衍、生存的温床，蕴含着丰富的生物、矿产资源。但是，仅仅经过百年的时间，曾经湛蓝的海平面上，油污四溢、一片墨黑，几簇"远游翱翔"的垃圾群孤零零地飘荡着。时至今日，海洋环境污染已经成为一个全球性问题，各国政府、国际组织都在为解决海洋污染问题、维护海洋生态出谋划策。船舶污染按照污染物源可以分为：①船舶油类作业和含油污水的排放；②船舶装运有毒液体物质的残余物和污水的排放；③船舶装运包装有害物质造成的污染；④船舶生活污水的排放；⑤船舶垃圾的排放；⑥船舶排气、船舶噪声、船舶防腐涂料及疫区载来的压载水等造成的污染。[①]我国 1983 年加入的《1973/1978 国际防止船舶造成污染公约》及其历次议定书中对船舶污染及其分类的认定，大体上与上述所提及的内容相符。

（2）保险主体。

正是由于海上贸易过程中船舶污染损害高度的盖然性，为了保证海事经营的安全，不至于因赔偿而使公司破产、解散，船方在开航之前都会投保海上污染责任险种，将污染损害赔偿责任分散、转移给规模化、专业化的保险公司，以降低海上经营风险和成本。

根据涉及海上污染责任险的国际公约的规定，海上污染责任险的投保人是指船舶登记所有人、光船租赁人、船舶经营人和管理人。[②]而保险人则指根据保险合同，在海上污染事故发生之时，对投保人承担赔偿责任的保险机构，即经营保险业务的法人、社会团体。[③]通常来说，我国海上污染责任险的保险人主要包括中国人民保险公司、中国太平洋保险公司、平安保险公司和中国船东互保协会。

在海上污染责任险中，除了投保人和保险人，还有另外一方重要主体——第三人，即因投保人船舶污染而遭受损失的一方。第三人对投保人享有侵权损害赔偿请求权，可以向投保人主张支付赔偿金。同时，为了最大限度保护受害人的利益，一些国家、国际公约允许受害人直接向保险人请求赔

---

① 参见司玉琢主编《海商法大辞典》，北京人民交通出版社 1998 年版，第 785 页。
② 参见《2001 年国际燃油污染损害民事责任公约》第 1 条第 3 款、第 4 款。
③ 参见许崇苗、李利《保险合同法理论与实务》，法律出版社 2002 年版，第 149 页。

偿，这是保险领域突破合同相对性的一个范例。

（3）承保范围。

我国海上污染责任险的承保范围和国际公约的规定大同小异，主要体现在《中国人民保险公司船东保障和赔偿责任险条款》（以下简称人保条款）第3节第11条：由船东投保保险的船舶，当其因事故使船舶载运的油或有毒有害物质发生泄漏，或船舶发生损坏，有可能产生泄漏时，会产生赔偿责任、各类损失和各种费用：①对第三方造成的损害，因事故使自己遭受的损失，以及对造成的污染应承担的责任。②作为《油轮所有人自愿承担油污责任协议（TOVALOP）》及其补充规定、船东所属公司参与并认可的其他相关协议等规则的参与者，参保船舶的船东应承担协议中规定的损失、损害或费用，以及船东为履行协议义务产生的费用。③当被保险船舶发生污染事故时，事前为了避免污染事故发生、事后为了控制污染事故程度采取的合理措施产生的费用。在采取必要合理救济措施时，给其他财产造成损失需要承担的责任。④任何政府、施救部门发现船舶污染事故时，其会要求事故船舶进行某些操作，事故船舶因听从指挥或命令采取措施时产生的费用和责任。[①]

除了上述费用、责任属于海上污染责任险的业务范围以外，人保条款第4节第5条还列举了保险人免责的若干情形，如战争、投保人非法捕捞、武器弹药、投保人故意等。

[①] 参见《中国人民保险公司船东保障与赔偿责任险条款》第3节第11条。

第二章
海上责任保险制度的发展

从经济全球化的当今社会追溯到18世纪、19世纪的国际社会,国际贸易一直处于十分频繁、活跃的状态。国际贸易的繁荣发展,促进了国际货物运输的兴起和发达。在世界各民族国际交往的过程中,国际贸易带来了经济交往,也带来了国际纠纷。国际货物运输牵涉到的主体类别繁多,面临的自然灾害及人为海事风险的因素复杂,因而在适用准据法的认定上难度增大,在损害赔偿的追偿程序上更复杂,在责任认定上更困难。为此,海上责任保险作为化解海事纠纷、提供保险救助的重要手段,在为受害当事人提供经济救济、保障海事贸易活动的正常有序开展等方面发挥着举足轻重的作用和影响力。海上责任保险的功能,主要体现在平衡承运人、托运人、收货人以及受害第三人多方当事人之间的利益关系上。在货物运输保险的保障机制之下,另行设置海上责任保险,通过"海上第一方保险"与"海上第三方保险"的双重保障机制,[1]切实减轻承托双方以及第三人的实际损失,保障海上货物运输当事人之间的经济利益。[2]需要特别指出的是,海上责任保险有别于海上货物运输保险。海上货物运输保险的功能在于,当发生保险事故时,保险人承担保险赔偿责任,以弥补投保人的经济损失;而海上责任保险的承保对象为投保人对第三人的损害赔偿责任,旨在减少投保人的消极保险责任,由此维持投保人的经济状况。

---

[1] Patrick Griggs, Richard Williams, Jeremy Farr, *Limitation of Liability for Maritime Claims*, Informs Professional, 2005, p.21.

[2] William C. Hoffman, "Common Law of Reinsurance Loss Settlement Clauses", *Tort & Insurance Law Journal*, 1993, 28(4), p.664.

第一节　海上责任保险制度的历史源流

一、海上责任保险制度产生的历史背景

海上责任保险是从海上保险中独立出来的一个新概念，尽管发展比较缓慢，却有着悠久的历史。在 19 世纪后半期之前，海上贸易所面临的风险并不十分频繁，故而船东和船舶运营者并未对海上责任予以足够的重视，直至 1836 年的一个案子。1836 年，英国法院在 de Vaux v. Salvador 案中判决，伦敦保险市场的一般保单不承保被保险人因船舶碰撞导致其他船舶的损失。[①] 自此，作为对该判决的回应，伦敦保险市场开始承保船舶碰撞产生的对第三方的赔偿责任，但出于鼓励船舶谨慎航行以避免碰撞的目的，仅承保四分之三的碰撞责任。而有的国家允许保险公司承保全部碰撞责任，例如挪威。

而且在当时，世界出现一轮向新世界移民的浪潮。船东通过承运移民获取相当大的利润，与此同时，也承担着非常大的风险。因为在 1846 年间，英国议会通过《致命事故法》（The Fatal Accident Act），该法赋予人身伤亡事故中的受害人家属起诉加害人的重要权利。在移民时代，几场航行事故导致船东面临来自事故伤亡亲属的巨额索赔。[②] 当时英国也试图通过立法来缓解船东面临巨额索赔的压力，例如，1854 年通过的英国第一部商船法《1854 年商船航运法》（The Merchant Shipping Act 1854）。该法将船东责任限制范围扩展到人身伤亡赔偿责任，但规定每吨责任限制不得低于 15 英镑。这使得船东仍可能面临超出船舶价值与运费总和的赔偿风险。[③]

在当时的时代背景下，船舶所有人逐渐深刻地意识到，他们在运营船舶的过程中，面临着潜在的大量责任赔偿风险，他们需要保险来分散和减轻这

---

① （1836）5 L. J.（K. B.）134.

② Edgar Gold, *Gard Handbook on P&I Insurance*（5th edition）, Gard-gjensidig, 2002, pp.65-66.

③ Edgar Gold, *Gard Handbook on P&I Insurance*（5th edition）, Gard-gjensidig, 2002, p.66.

种风险。一方面,商业保险人开始向船舶所有人提供这方面的保险服务;另一方面,船舶所有人开始建立相互保险组织,即船东互保协会(世界上第一家船东互保协会于1855年5月1日在英国正式开始营业),以承保商业保险人不承担的额外责任(如碰撞事故中剩余的四分之一责任)。

二、海上责任保险制度的萌芽

根据记载,海上责任保险始于1814年的一起船舶碰撞案。[1]自此,碰撞责任成为承保对象,英国船舶协会(Hull Clubs)和保险公司为承保人的海上责任保险开始萌芽,随着当时海上运输事业的扩张慢慢发展起来。该险种一出现就获得了普遍的欢迎,因为在早期的海上贸易中,由于航海技术和电子技术等问题,海上碰撞等事故时有发生,这就使得船舶所有人或使用人迫切地需要一种能够帮助其分散责任的险种。早期的海上责任保险就以碰撞险为中心逐渐开展。

如上所述,1836年的de Vaux v. Salvador案[2]确立了对他船的碰撞责任只有在保单明确约定时才纳入承保范围的规则,因为对他船的碰撞责任并非海上固有风险。随着海上运输事业的发展,船舶碰撞条款(Collision Liability)的内容也日益丰富起来,成为现代船舶碰撞条款的鼻祖,也成为协会船舶定期保险条款(Institute Time Clause,ITC)中的著名条款之一,为海上纠纷的解决和风险的分担提供了一条很好的出路。但在海上责任保险萌芽初期,该条款的约定过于简单且存在不少漏洞,再加上船长和船东缺乏合理谨慎的态度,导致碰撞事件频发,使得该保险未能被保险人广泛接受。

自以"碰撞条款"为基础的海上保险责任制度萌芽后,因其规定简单、存在漏洞,对其存在的合法性的质疑便一直没有停止过,相关的纠纷也没有固定的解决方案。随着海上保险的发展,"碰撞条款"的内容也日益得以完善,漏洞逐渐减少,对其的争议也随之减少,相关的纠纷解决机制也逐步发展起来。

---

[1] Steven J. Hazelwood, *P&I Clubs: The Law and Practice* (3rd edition), LLP, 2000, p.7.

[2] (1836) 5 L. J. K. B. 134.

除了保险公司提供的碰撞责任条款外,船东还通过自行建立的互保组织对碰撞责任不承保的额外责任进行承保。1855年,船东互保协会成立后,海上责任保险的范围由原来的船舶碰撞逐渐扩及人身伤亡责任、货物责任等,承保的种类也开始逐渐增多。相关的纠纷解决规则也开始形成,其主要由当事人之间达成的约定以及在实践中发展而来的商业规则构成,通常体现为协会的章程、规则等。相关当事人可以自主选择适用条款,并就条款内容进行协商、解释。当时,法院尚未介入此类纠纷的处理,故当时的纠纷仅靠内部人或当事人自己协商解决,仍属商业规则调整的范畴,尚未建立起具体的法律制度。

1870年,北英保赔协会会员船舶"Westenhope",在前往南非开普敦港的途中,绕航去了伊丽莎白港,并在该港口装运了额外的货物。船舶从伊丽莎白港起航后遭遇事故,货物灭失。法院判决,船舶绕航的行为使得船舶所有人不能依据运输合同中的免责条款抗辩,船舶所有人需要对货物的灭失承担全部责任。[1] 在当时,货物责任既不属于船舶责任保险的承保范围,也未纳入北英保赔协会的规则条款。也就是说,不论是商业保险还是船东互保协会,对货物责任都是不予承保的。但是这个案件很清楚地表明,船舶所有人对此类责任是有投保需求的。于是在1874年,船东互保协会开始承保船舶所有人在货物运输过程中因过失导致货物损坏或灭失的赔偿责任。到了1893年,美国通过《哈特法》;1924年,《海牙规则》得以签订,货物承运人借助运输合同免责条款减免责任的能力进一步被限制,运输责任随之加重,承运人投保货物运输责任险的需求因此进一步增强。[2]

可见,在海上责任保险发展初期,其功能主要在于分散船东因为海上碰撞产生的责任。其保障对象仍然以被保险人为主,因而,分散船东的责任成为早期海上责任保险所具备的主要功能和意欲实现的目的。在此阶段,海上责任保险仍然遵循一般保险的基本规则,即受害人不具有直接请求权,保险人也必须在被保险人赔偿受害人之后,才履行赔付责任。

---

[1] Michael J. Mustill, Jonathan Gilman, *Arnould's Law of Marine Insurnace and Average* (16th edition), Vol.1, British Shipping Laws, Stevens & Sons Limited, 1981, p.130.

[2] Edgar Gold, *Gard Handbook on P&I Insurance* (5th edition), Gard-gjensidig, 2002, p.67.

三、海上责任保险制度晚近的发展

（一）海上责任保险的发展背景

海上责任保险制度得以真正发展的时期是在英国 MIA1906 颁布后。MIA1906 是在总结海上保险两百多年来的商业规则和判例的基础上制定的，具有一定的技术性，内容与之前的规定相比也较为完善，后被各国纷纷效仿。同时，由于英国海上事业的绝对优势地位，MIA1906 在各国往来中也频繁地得以适用，这使其成为后来各国发展海上保险的规范性模板。MIA1906 对海上责任保险制度的贡献主要在于，其以明确的条文对"相互保险"（Mutual Insurance）作出了规定，这在海上责任保险的发展史上是历史性的飞跃。虽然 MIA1906 对海上责任保险的规定是远远不够的，远不足以解决海上责任保险领域出现的各种问题，但其为海上责任保险发展第一次进行了法律制度和规则的设计。

责任保险的作用在于利用高度的社会化来分散风险，进而实现公平正义，海上责任保险业也随之逐渐发达起来。在这一阶段，海上责任保险大致可分为保赔保险和商业保险两类。前者的承保范围主要包括船东在运营过程中因意外事故导致的损失、费用及相应的经济赔偿；后者的承保范围相对较窄，主要包括碰撞责任。

（二）海上责任保险的具体发展

1. 碰撞条款日臻完善

碰撞条款对海上责任保险的萌芽起着不可估量的作用，是海上责任保险中不可缺少的重要组成部分，对其发展历程的梳理有助于厘清海上责任保险的发展脉络，是研究海上责任保险制度历史渊流不得不提的话题。

在海上保险的发展历史中，海上责任保险在很长一段时间内仅作为船舶保险条款之一而存在，不具有独立性，不能成为一种独立的险种，碰撞条款便代表海上责任保险而存在。碰撞条款承保的是被保险人对第三方的碰撞责任。最初的碰撞条款无须保险人与被保险人特别约定便对双方具有约束力，只要被保险人对第三方具有碰撞责任，保险人就要对碰撞损失负责。但是此时的碰撞条款存在诸多弊端。首先，碰撞条款存在的强制性受到质疑。无论保险人与被保险人事先是否就碰撞条款达成约定，在事故发生后，保险人都需依据行业惯例认可碰撞条款的效力，对碰撞事故承担保险责任，这对保险人其实也是不利的。由于保险人与被保险人均享有约定该条款的自由，保险人会根据被保险人的历史风险状况进行综合评估，倘若保险人根据评估结果不愿对被保险人承保碰撞责任，则碰撞条款对保险人而言实际具有强制性特征，存在违背其真实意思自治的可能性。其次，碰撞条款的合法性受到质疑。在此规则下，被保险人可能不会充分履行合理谨慎的注意义务，导致本可避免的碰撞事件接连发生。而且，在道德风险的作用下，这种规则经常被被保险人当作逃避责任的手段。尽管这种规则确实具有分散风险的功能，但是由于其对被保险人的行为过于纵容，引起保险人的不满，也使得社会各界对碰撞条款的合法性产生了质疑。最后，当时碰撞条款的保险标的过于广泛，不仅包括碰撞赔偿责任，也包括因碰撞而造成的船舶损失，这就使得保险人需要承担过重的负担，对其发展极为不利。

后来随着海上运输业的发展，海上保险成为海上运输的必需品，作为其中重要构成的碰撞条款也得到相应的完善。首先，碰撞条款规定被保险人在船舶运营过程中必须尽到谨慎注意的义务，根据主观过错的程度来衡量被保险人的责任，进而确定保险赔偿的金额；其次，针对碰撞条款可能违背真实意思自治原则的问题，规定只有在保险人与投保人进行了碰撞条款约定的前提下，碰撞条款才可适用，否则不得适用；最后，最初的碰撞条款因对被保险人的行为过于纵容，赋予保险人过重的义务，合法性受到质疑，致使其发展缓慢。在后来的实践中，碰撞条款逐步解决了这些弊端，使被保险人和保险人之间的利益保护维持着相对均衡的状态，不至于使得一方承担过重的负担。一方面，限制保险标的的范围，规定碰撞条款的保险标的仅为碰撞责任，不包括因碰撞而引起的船舶损失。因碰撞而引起的船舶损失由被保险人通过其他条款或合同单独约定，不得在碰撞条款中涉及。另一方面，针对被保险人与保险人之间利益保护不均衡的局面，规定保险人不承担全部的碰撞责任，仅对碰撞责任的绝大部分承担保险责任，剩下的小部分由被保险人自行负责，这种规定在很大程度上使被保险人（船东）在运营过程中更谨慎。关于保险人对碰撞责任的具体承保比例，各地则略有不同：以英国为代表的一些国家和地区，保险人承担四分之三的赔偿责任；以美国为代表的国家和地区，保险人承担全部的赔偿责任；也有一些国家和地区，赔偿责任的赔付比例由保险人和被保险人自行约定，阿根廷便是这种制度的代表。后来，随着船东互保协会的发展，原本由被保险人承担的赔偿责任则由船东互保协会承保。至此，被保险人在碰撞事故中的碰撞责任可获得全方位的保障，既可从保险人处获得绝大多数的赔偿，也可从船东互保协会获得剩余的赔偿。

2. 保赔保险的进一步发展

1855年，第一家船东互保协会（即布列塔尼亚船东互保协会）成立，开始对保险人不愿承担的部分责任进行承保。至此，便出现了被保险人在运营过程中面临的风险由保险人和船东互保协会共同承担的格局，为以后保赔协会与商业保险并驾齐驱的局面奠定了基础。最初的保险人一般只对碰撞责任的四分之三进行赔偿，其余部分由被保险人自己承担。自船东互保协会成立后，原本由被保险人承担的那部分责任和人身伤亡责任便转移至船东互保协会。在当时，保赔协会的成立为海上保险事业的发展提供了新的空间。

后来，随着海上风险的种类越来越多，海上保险发展越来越专业化，承保对象的划分越来越细致，保赔协会的承保范围从最初的对第三人的部分碰撞责任，扩展至包括船东对货主的货损、货差责任。在1874年时，船东因货损、货差产生的责任风险第一次正式被纳入保赔协会的承保险别。最初的保赔保险一般是由保赔协会的全体会员作为保险人来约定的，每个会员均有两重身份：既是保险合同的被保险人，又是其他会员的保险人。保赔协会实行责任内部分担的原则，实则具有团体的性质。1876年，法官对这种现象做出了规定，规定有效的保险合同一方必须是经合法登记的法人，否则保险合同将被视为无效。于是，保赔协会的组织结构开始发生巨大的变化，保赔协会成为具有法人资格的公司，由原来具有民间性质的团体改变为法人。保赔协会也不再以全体被保险人的名义签订合同，而是由依法成立的具有独立地位的有限责任公司作为合同的一方签订合同。[1]在这种模式下，会员仍须向协会缴纳会费，只是会费依据公司法的规定成了协会的"法人财产"，会员不再对其会费享有所有权。尽管组织结构发生了变化，由松散的联合体变为可实际控制管理的公司，但本质并未发生改变，保赔协会仍具有"互保"的性质，仍具有非营利性的特质。保赔协会根据是否入会来确定是否对

---

[1] 参见李可《海上责任保险及其发展趋势》，上海海事大学出版社2005年版。

其承保,而不是根据之前的全体会员是否签订保险合同来确定是否对其承保。因此,想加入的船东需先提交申请书,保赔协会对其进行确认,签订确认书后其会员资格便受到肯定,其便可享受协会对其风险的承保。但整个风险承担的运行机制仍未发生改变,实质仍旧为当其中一方遭受协会所承保的风险时,其为被保险人,其他船东作为承保人对其负有赔偿的责任;而若其他船东遭受了协会所承保的风险,其则为保险人,对其他船东负有赔偿的责任。①

自此,保赔保险开始大放异彩。MIA1906 第 85 条规定"两个以上之人同意,彼此互为海事损失保险者,谓之相互保险",这是法律对保赔保险的肯定,使保赔保险获得正式的法律认可,并使其由行业惯例的法律地位正式上升到法律规范的地位,为以后保赔保险的发展提供了规范性条件。在如此有利的条件下,国际保赔集团也应运而生,对全球 90% 的远洋船舶进行承保。国际保赔集团主要是由英国互助汽船保险协会、不列颠尼亚汽船保险协会有限公司、挪威嘉德保赔协会、日本船东互保协会、英国 North Standard 保赔协会、英格兰西部船东互保协会、汽船相互保险协会(百慕大)有限公司、SKULD 汽船保赔协会、伦敦汽船船东保赔协会等保赔协会组成,基本覆盖了世界各地的保赔组织,顺应了海上保险发展的时代需要。集团内部实行各保赔协会独立经营的原则,集团不对此进行干涉。只有当赔偿的数额达到一定程度时,超过各个保赔组织限额的保险责任才会涉及集团。

随着保赔保险的发展,保赔保险在商业保险承保范围以外,为船舶运营的责任风险提供了另一重保障,使保赔保险的制度设计具有很大的可信度而深受被保险人的信赖。但无论保赔保险的制度如何设计与运行,海上责任保险都是其核心内容,保赔保险对海上责任保险的发展又提供了一道保护屏障。

3. 险种进一步丰富

除上述两种典型的海上责任保险之外,海上责任保险的种类在不断增多。首先,在应对环境污染的问题上,逐渐发展出了油污责任险、危险物责任险等险种,用来应对海上船舶运输时可能出现的污染事件;其次,在应对难民问题上,逐渐出现难民责任险等险种;最后,在保障运营的问题上,随

---

① 参见李可《海上责任保险及其发展趋势》,上海海事大学出版社 2005 年版。

着运营主体的不同而逐渐发展出不同的类型,如承租人责任保险、无船承运人责任保险、船舶管理人和经营人责任保险、船舶建造人责任保险和修船人责任保险等险种。总之,在当代海上责任保险中,只要有新的责任风险存在,几乎都会有相应的海上责任保险险种出现。

除此之外,更值得注意的是,在传统的海上责任保险领域,原有的险种也得到了新的发展。以船舶责任保险为例,其通常是指保障船舶所有人在经营航运业务中所面临的责任风险。但是,航运活动的复杂性决定了并不只有船舶所有人会面临责任风险。船舶责任保险随着船舶营运主体的不同而逐渐发展出不同类型。第一种为承租人责任保险。租赁船舶的基本类型有光船租赁、航次租赁和定期租赁三种。其中光船承租人通常是船舶所有人责任保险下的共同被保险人,但是航次租赁和定期租赁的承租人就需要寻求单独的承租人责任保险。承租人在当今面临的责任风险越来越多。例如,如果承租人因装运危险货物、指定不安全港口或提供质量不合格的船舶燃油而对船舶造成损害,应向船舶所有人承担责任。如果承租人在运输合同下作为承运人,就需要对货物所有人承担相应的货物损坏或灭失的赔偿责任;并且,承租人同样可能需要承担对第三方的侵权责任。在上述情况下,承租人与船舶所有人需要的责任保险在内容上就非常类似。所以,承租人责任保险最初也是由互保协会提供的。例如,总部位于伦敦的承租人保赔协会就是这一专业领域成立时间最长、经验最为丰富的机构,该协会在上海已经成立了办事处。第二种为无船承运人责任保险。无船承运人同样也会遭遇各种业务上的风险。这些风险至少包括货物损坏和灭失的责任风险、错误与疏忽风险、第三者财产损坏灭失的赔偿责任或人身伤亡的赔偿责任风险等。[①] 投保责任险是无船承运人防控风险的重要措施。第三种为船舶管理人和经营人责任保险。船舶的管理经营人[②] 在管理经营船舶的过程中也会面临多种风险。我国现行司法实践承认船舶的管理经营人对船舶管理经营过程中面临的责任具有保险

---

① 参见孟于群《无船承运人风险及防控》,见中国远洋航务网站(http://www.maritime-china.com/hsfl/287263.htm)。

② 根据《中华人民共和国国际海运条例》第30条:国际船舶管理经营者是指接受船舶所有人或者船舶承租人、船舶经营人的委托,经营下列业务的中国企业法人:(一)船舶买卖、租赁以及其他船舶资产管理;(二)机务、海务和安排维修;(三)船员招聘、训练和配备;(四)保证船舶技术状况和正常航行的其他服务。

利益，有权直接购买船舶所有人保赔险，①但是不排除未来市场可能开发出专门针对船舶管理经营人的责任保险条款。第四种为船舶建造人责任保险和修船人责任保险。与船舶经营活动有间接关系的主体，也需要相关的责任保险来保障自己面临的风险。最典型的就是船舶建造人责任保险和修船人责任保险。前者如在建船舶试航期间与他船发生碰撞，船厂应对其他船舶或船上财产的灭失或损坏承担赔偿责任；②后者如根据修船合同及相关协议，被保险人因修船工人或技术人员的过失，对火灾事故或船舶机损导致承修船舶的直接损失负赔偿责任。③

总之，船舶责任保险，不应当仅局限于船舶所有人营运船舶所面临的责任风险。作为保险创新的一个重要方面，保险市场应当为船舶生命周期所涉多类市场主体面临的潜在责任均提供相应的保险产品。

（三）我国海上责任保险的晚近发展历程

我国的海上责任保险起步于中国人民保险公司根据伦敦协会条款办理的船舶保险。在海上责任保险发展初期，其承保范围主要限于碰撞条款。后来，随着我国航运事业的发展，海上责任保险承保的内容越来越丰富，现已涵盖：商业保险公司船舶保险条款承保的"碰撞责任"；中国人民保险公司"船东保障和赔偿责任条款"和中国船东互保协会保险条款承保的13类责任（人身伤亡或疾病赔偿责任、私人物品或财产赔偿责任、与船舶相关的合同责任、船舶失事赔偿责任、碰撞责任、污染责任、拖带责任、船舶残骸处理责任、货物责任、船上财产灭失或损坏责任、集装箱联运责任、其他财产灭失或损坏责任和罚款）。④

1983年，国务院颁布了《中华人民共和国防止船舶污染海域管理条例》，虽然该条例并没有在文本中直接规定船舶必须要投保责任保险，但是该条例第13条规定，航行国际航线、载运2000吨以上散装货油的船舶，除

---

① 参见龚婕《"光达轮"船东责任险纠纷案》，见广州海事法院网站（http://www.gzhsfy.org/shownews.php?id=2682）。
② 参见林源民《船舶建造》，上海浦江教育出版社2013年，第685–688页。
③ 参见中国人民财产保险股份有限公司修船责任保险协议书（2009版）。
④ 参见中国人民保险公司船东保障和赔偿责任险（1993/1/1）条款第3节、中国船东互保协会保险条款第5条。

执行本条例规定外，还适用于我国参加的《1969年国际油污损害民事责任公约》。①从此时开始，我国海上责任保险制度正式确立。应当说，对该种油污责任保险的强制投保，为我国应对油污问题提供了较为充分的制度保障，并适应了相应的国际公约，也为我国在当时开展对外贸易提供了更为有利的制度支持。但该条例在相应的责任规定上并不完善，仅将相应国际公约作为准用性规则予以援引，却未明确未投保情形下的责任承担规则。更重要的问题是，我国现代保险制度在当时刚刚起步，而首部《海商法》于1992年正式颁布，首部《保险法》于1995年正式颁布，因此当时要求船舶投保海上责任保险，实际上缺乏国内基本法律规范的支撑。所以说，我国的海上责任保险制度起源于强制责任保险制度，初期针对污染领域尤其是油污领域的损害赔偿，但目前尚未形成专门针对海上责任保险的独立制度设计体系。

值得注意的是，在最初的海上责任保险中，并没有强制保险的制度，即在受害人受到损害之时，由保险人直接进行赔付。但是在旅客的保障问题上，几乎所有旅客都能获得意外伤害保险的保障，但也主要是针对旅客而言，对于其他领域责任保险并无较大推进。

目前，对我国影响最大的当属《1992年国际油污损害民事责任公约》。1992年，国际海事组织通过《〈1969年国际油污损害民事责任公约〉1992的议定书》。我国于1999年向国际海事组织递交加入书，该议定书于2000年起对我国生效。为保障受害人的权益，《1992年国际油污损害民事责任公约》对承保范围和赔偿限额进行了较大的修改。例如，扩大承保的范围，提高相关的赔偿限额等。此外，根据该公约的规定，实际载运2000吨以上散装油类的商船必须投保强制保险。不过我国在加入该公约后，仍然沿用1983年《防止船舶污染海域管理条例》中的相关规定，此前存在的问题尚未能得到解决。

2002年11月1日，国际海事组织通过的《雅典公约2002年议定书》规定了强制责任保险，"要求承运人应该具有强制保险或者其他的财务担保，例如银行的财务担保或者类似的财务机构的担保，来保证根据公约规定的严格责任下人身伤亡的损害得到满意的赔偿"。但我国仍不是该公约的签署国

---

① 参见国务院《中华人民共和国防止船舶污染海域管理条例》第13条。

之一，也缺乏关于旅客运输的强制保险制度。与此同时，我国也缺乏关于危险货物的强制责任保险制度。①

纵观海上责任保险在国外和国内的发展历程，可以发现，海上责任保险经历了一段缓慢的发展期，从最开始的萌芽到初步的形成，再到进一步的发展，这期间，海上责任保险的内容也渐渐丰富起来。最开始简单的碰撞条款为海上责任保险的产生奠定了基础，使海上责任保险从无到有，开始萌芽；1855年船东互保协会的成立，标志着海上责任保险开始纳入规则化调整范畴，尽管这些规则属于商业规则，为内部协定，但它们也使海上责任保险的内容逐步完善，实现了从内容简略到丰富、从规则稀少到多样、从形式简单到复杂的转变；MIA1906的颁布，使得海上责任保险的规则调整机制更加完善，开始被纳入正式的法律条文中，推动海上责任保险完成了从简略规范到完善规范的跨越。

第二节　英美当代海上责任保险制度的改革发展

目前海上保险业发展迅速，保险人和被保险人之间的力量对比也在不断发生变化。例如，集装箱船的出现、对强制责任保险强烈的呼吁等诸多情况无不表明，海上保险立法的改革已成为社会和时代的需要。为了顺应这种需要，各国相继对本国的海上保险制度进行了改革，其中当然也包括海上责任保险制度。

英国是海上责任保险肇始之地，海上责任保险的立法历史最悠久，对世界各国的影响最大，其对海上责任保险立法的改革也走在世界各国的前列。美国的海上责任保险制度发展迅速，特别是在第三人直接给付请求权立法和油类污染责任与赔偿领域，具有典型的示范意义，其海上赔偿责任限制立法也走在世界各国的前列。因此，本书选取英国和美国的海上责任保险制度的发展与改革进行分析。

---

① 参见初北平《海上强制责任保险研究》，载《中国海商法年刊》2005年第15卷。

一、英国海上责任保险制度的发展与改革

英国海上贸易活动历史悠久且异常繁荣发达，其有关海上责任保险的立法也体现于英国法的历史渊源之中。从17世纪开始，英国的海上保险立法在本国的法律体系中就有所体现。在这一时期，英国制定了第一部海上保险的法案——《伊丽莎白法案》。该法案阐明了海上保险相比于其他补偿方法的优越性并规定在保险商会内设立仲裁庭解决海上保险的纠纷案件。[①] 此后英国四百多年的海上责任保险法的发展历程中，以下四部法典最能体现英国海上责任保险立法的脉络与特性。

（一）英国海上责任保险制度的历史发展

1. 萌芽时期的海上责任保险制度：英国《1906年海上保险法》

鉴于海上保险在世界各国海商法中体现出来的历史渊源及传统，英国MIA1906作为世界保险法史上具有里程碑式意义的成文保险法典，其内容体系、立法技术及立法精神，不仅对英属殖民地国家，而且对世界其他国家海上保险法的颁布及修订具有极其深远的影响。

从制定缘由来看，MIA1906的意图之一在于确认海上保险的价值功能、法律效力与基本规则。其示范意义体现在该法附件中列示了保险单的基本内容和格式，从而为其他海上保险合同起到了示范作用。因而从这个层面来看，MIA1906从海上保险合同条款的具体内容约定到规制皆称得上为"开山鼻祖"。作为一部涵盖了当时海上保险实务操作规程的法典，MIA1906汇集了当时英国海上保险所有案例的既成规则与裁判惯例，在海上保险领域推动英国走在了世界前列。

从具体内容来看，该法不仅明确规定了保险利益条款、最大诚信原则、保险价值等保险法上的基本概念，规定了海上保险合同的定义、承保内容、当事人之间承保与免责的情形等海上保险合同独特的内容，更进一步地在第74条规定了海上责任保险："被保险人已通过明示条款对第三方的任何责任进行投保，根据保险单上明示条款的规定，获得补偿的数额是其就这一责任

[①] 参见初北平、曹兴国《海上保险及其立法起源考》，载《中国海商法研究》2013年第4期，第35页。

向第三方支付或应支付的数额。"该条规定可谓海上责任保险的雏形，将海上责任保险制度纳入立法，具有重要的历史进步意义与价值。但限于当时保险业务发展的水平和对征税的需要，对于保险合同的载体形式，MIA1906仅规定了投保单这一种保险凭据，并且投保单是否有效还依赖于保险人能否证明投保单是否已经依据规定贴花，否则投保单的效力仍旧不被肯定。

同时，MIA1906要求被保险人在合同签订之前必须做出保证，并在合同履行的过程中严格遵守保证的义务。MIA1906第33条第1款规定，保证"即被保险人保证去做或者不做某种特定的事情，或者履行某项条件，或者肯定或否定某些事实的特定状态"。在当时的历史背景下，MIA1906要求投保人和被保险人履行如实告知义务，并要求被保险人严格遵守保证义务，否则保险人可以撤销保险合同。[1]这对防范保险人与投保人和被保险人之间的信息不对称问题、降低被保险人道德风险的发生具有相当程度的进步意义。然而，在投保人以外，对于被保险人施以告知义务和履行保证义务的枷锁，对被保险人而言要求太过严苛，因此，从最大诚实信用原则层面来看，MIA1906仍具有改善与进步的空间。

MIA1906还规定了保险利益原则，并对保险利益的内涵给予了明确的界定：保险利益就是对保险标的所具有的某种利益关系，在该种利益关系受损时，投保人和被保险人将会遭受意外的损失。[2]遵从上述原则后，若投保人或被保险人对保险标的不具有保险利益关系，则保险合同会被视为"赌博性合同"，不产生任何法律效力。在不具备保险利益的保险合同中，若投保人或被保险人为了获取保险理赔金而进行投保，则根据MIA1906的相关规定，其将面临刑事处罚的风险。这一刑事处罚的规定，对打击恶意投保行为、维持海上保险市场秩序、提升保险承保和服务的水平，都具有十分显著的作用。

除此之外，MIA1906还对航次保险被保险人的适航义务作了特别规定。该法第39条第4款规定：受海上航次保险保障的船舶，在航程开始之前，应当满足船舶航行的基本要求，具备抵御一般海上风险的能力。这涵盖了船舶的基本设备、驾驶人员、后勤补给等方面。MIA1906中关于船舶适航义务

---

[1] Marine Insurance Act 1906, s18（1）.
[2] Marine Insurance Act 1906, s5（2）.

的要求并没有贯穿于船舶的航行全过程之中，只是在航程开始之际，要求必须保障船舶的适航状态；在船舶航行期间，进行船舶修理、维护等行为并不会影响保险人的保险责任承担问题。MIA1906中关于船舶适航的要求，仅适用于船舶航次保单中，并不适用于船舶定期保单。在进行船舶适航状态的判定时，不考虑因船长或船员的过失致使船舶受损的情况，主要从船舶的人员配置和设备状况两方面进行界定。影响船舶适航的状态还包括两个重要的因素：一个是航行期间的自然损耗，另一个则是极端气候对船舶的侵袭。船舶在航行期间的自然损耗，是船舶航行中不能回避的情况；而在严重情况下，极端气候极有可能引发海难。这一规定，就是海上保险领域著名的"海上保险适航制度"。其价值体现在从侧面框定了航次保险人的保险责任范围，以"默示保证"的形式，缩小了保险人承担责任的区间。但是把海上保险适航制度作为界定保险人承保范围的工具，其价值受到了海上保险理论界和实务界的质疑，因为即便保险事故的发生与船舶的适航状态没有直接的因果关系，但只要保险人能够举证证明船舶在航程开始之际，具备适航状态，则保险人就可不承担保险责任。这一规定由于对投保人和被保险人太过苛刻，有失公平，因而受到质疑。

总而言之，相较于英国早期海上责任保险法，MIA1906的进步意义在于：一是最初的海上责任保险立法多数受到中世纪商人法（medieval law merchant）的浸染，具有浓郁的商人法属性，很多条款内容都显现着保护商人利益的精神，同时，又初步搭建起了海上责任保险制度的基本框架，为后来的立法所模仿与借鉴；[①] 二是MIA1906中的许多规定，都具有示范性的价值与作用，如在被保险人的告知义务之外，又对被保险人的适航义务作了明确的规定，其目的就是警示投保人和被保险人要对海上贸易风险以及可能产生的责任予以重视，以免由于海上保险的存在而掉以轻心。但是可以看出，MIA1906的意义主要在于对海上保险作出一般性规定，虽然对海上责任保险也有一定影响，却并未形成体系化的规范。

2. 开创性意义的立法：英国《1995年商船航运法》

英国《1995年商船航运法》是对英国《1979年商船航运法》进行修订

[①] 参见初北平、曹兴国《海上保险及其立法起源考》，载《中国海商法研究》2013年第4期，第36页。

后颁布实施的。① 英国《1995 年商船航运法》不仅对船舶损失的赔偿责任进行了限制，还扩大了适用的船舶范围，从海船扩展到一般船舶（即所有的船舶，包括非海船），均可行使赔偿责任限制的权利。英国《1995 年商船航运法》对适用赔偿责任限制的船舶规定了两点特征：从范围来讲，除海船之外的其他船舶也可享受责任限制的权利；从用途来讲，必须是用于航行的船舶，包括拖船在内，而又绝非不论船舶的用途，譬如作为休闲度假的邮轮，其赔偿责任则不受英国《1995 年商船航运法》相关责任限制条款的限制。此外，船舶整体的组成部分，也在英国《1995 年商船航运法》的适用范围之内。

英国《1995 年商船航运法》还有一大特色，其在第三章专章规定了油污责任，在第 163 条中详细地规定了油污责任强制保险，并规定了油污责任强制保险适用的船舶类型，即需要同时满足两个条件：装载量在 2000 吨以上以及装载货物为散装油类货物。结合英国《1995 年商船航运法》制定及颁布的时代背景来看，20 世纪末，随着石油在世界各国经济发展中的地位越来越重要，在国际货运市场中，石油运输在货物运输中所占比重极大，由此引发出一系列负面后果：海洋污染尤其是石油污染特别严重，石油污染对海域生态环境的破坏性极强。在此背景之下，英国政府颁布了英国《1995 年商船航运法》，该法并未一味强制所有船舶必须全部购买油污责任强制保险，而是根据石油运输的现状，对污染大、经济实力强的船舶，强制要求其投保油污责任强制保险。在第三章中，立足于英国损害赔偿立法的基础之上，英国《1995 年商船航运法》明确了油污损害的强制责任保险制度，并明确了第三人对保险人的直接给付请求权。第三章规定，海上船舶航行之前，必须首先取得政府的证明文书，或者由船舶所有人出具一份赔偿承诺或保险合同，以达到在发生油污事件时，向对应船舶追究污染责任和索赔的目的，并且船舶吨位必须满足一定的基数，在 2000 吨以下的船舶不必出具上述书面文件。若未能满足上述条件，则船舶不能进行国际海上航运。此外，船舶所有人对船舶航行过程中的油类污染后果或潜在的污染可能负责，倘若船舶所有人已经就该油类污染向保险经营机构投保，则受油类污染侵害的第三人可向该保险经营机构请求赔偿损失；当然，在船舶所有人持有的海上责

---

① Nevil Phillips, Nicholas Craig, *Merchant Shipping Act 1995*, Informa, 2001.

任保险合同中，一般约定了保险人的除外责任条款和情形，亦即当船舶所有人故意造成海上油类污染时，保险人可主张因船舶所有人的故意而免除承担保险责任。在保险人被提起诉讼要求索赔的过程中，保险人承担保险责任，同样适用于保险责任限制条款的约定。该项责任限制条款的适用，不受船舶所有人过错或其他方侵权行为的影响。

综上，英国《1995年商船航运法》的最大价值在于对承保船舶的限定，其目的是综合考虑潜在重大风险对海上贸易活动的冲击，以及海上特定贸易活动对风险分担机制的需求。同时，将近代以来愈发严重的油类污染纳入责任保险的保障范围，可以说是顺应了污染治理与环境保护的时代发展主题。

（二）英国海上责任保险制度的现代功能转型

1.《第三人（对保险人）权利法》

在《1930年第三人（对保险人）权利法》[Third Parties (Rights against Insurers) Act 1930]施行前，如果承保责任保险的保险人破产或清算且应对第三人承担责任，除非该第三人能在被保险人破产前取得法院判决并执行，否则第三人将不得不同其他债权人一样在清算中举证以获得赔偿。① 由此可以看出，在《1930年第三人（对保险人）权利法》出现之前，海上责任保险制度对第三人权益的保护仍旧薄弱，其保障对象仍倾斜于被保险人。② 伴随合同法理论的演化发展，合同相对性理论也在发生着变化与突破，在合同当事人之外，有关第三人利益诉求的呼声越来越大，合同相对性理论中遭受冲击最显著的就是责任保险合同。包括海上责任保险合同在内的所有责任保险合同，最基本的特征就是对第三人利益的照顾与保护。③ 对第三人利益保护最主要的途径莫过于诉权保护，即受害第三人在责任人无法支付赔偿的情形下，有权直接起诉责任人的责任保险人。

---

① 参见[英]Malcolm A. Clarke《保险合同法》，何美欢、吴志攀等译，北京大学出版社2002年版，第143页。

② Raoul P. Colinvaux, Sidney Preston, *The Law of Insurance*, Vol. 85, Sweet & Maxwell, 1984.

③ Robert E. Keeton, *Insurance Law-Basic Text*, West Publishing Company, 1971, p.142.

在保护第三人利益的价值取向方面和第三人诉权保护方面，英国的普通法走在了世界立法的前沿。《1930年第三人（对保险人）权利法》最核心的内容就是赋予第三人对保险人的直接给付请求权，保险人将被保险人和第三人的给付请求权置于同一地位，此外，保险人与被保险人之间的特殊约定不能损害第三人对保险人的权利。《1930年第三人（对保险人）权利法》体现出了保护第三人对保险人权利的立法精神，在当时的时代背景下，这已经是一项巨大的进步。在实践中，受害第三人一并向责任人及其责任保险人提起诉讼的请求是被英国法院所支持的。[①] 由此可见，当时英国法院的价值取向与英国立法方向是一致的，都致力于保护受害第三人直接向责任保险人请求支付保险赔偿金的权利。但是，该法在规定第三人对保险人的直接给付请求权的行使方式、程序、效力等较为细节的问题方面，缺乏可操作性和合理性。随着责任保险实务的发展，该部法典已适应不了实务发展的需要。为此，英国于2001年拟定了《第三人（对保险人）权利法草案》，并于2010年3月25日通过了《2010年第三人（对保险人）权利法》（以下简称《2010年第三人权利法》）。相较于《1930年第三人（对保险人）权利法》，《2010年第三人权利法》在内容上不断深化扩展，细化了第三人获得对保险人的直接请求权的各项基本要素。[②] 具体而言，《2010年第三人权利法》可以归纳为以下四个层面。

第一，第三人所享有的直接给付请求权。《2010年第三人权利法》前两条规定，当被保险人可能丧失主体资格时，根据责任保险合同，被保险人对保险人所享有的直接给付请求权应该当即转让给第三人。此外，若发生上述情形时，被保险人转让给第三人的直接给付请求权中，责任额度低于被保险人对保险人的给付请求权的部分，则该部分直接请求权不得转让给第三人。此两条规定的缘由在于，被保险人转让给第三人的直接给付请求权，来自被保险人对保险人的给付请求权，前者以后者为基础和前提，若被保险人转让给第三人的直接给付请求权高于被保险人对保险人请求权的部分也被允许转让的话，可能会造成被保险人与第三人之间的恶意串谋，加重保险人的保险

---

① Brice v Wackerbarth (Australiasia) Pty Ltd [1974] 2 Lloyd's Rep 274 at 275, CA, per Lord Denning MR.
② Roux v. Salvador (1983) 3 Bing. (N.C) . 266, 283.

给付责任，引发道德风险。

第二，第三人行使直接给付请求权的保障制度，主要是信息披露机制。《2010年第三人权利法》尤其注重被保险人和保险人对第三人行使直接给付请求权的信息披露义务。该法中专门规定了信息披露的不同情形及第三人享有的相应权益。根据《2010年第三人权利法》的具体规定，信息披露的内容包括了责任保险合同的具体内容：保险人的基本信息、赔偿额度和条件的条款约定、诉讼程序和费用的承担，以及被保险人和保险人除外责任承担的问题。同时，被保险人应当在规定时间内履行信息披露的义务，法律规定了被保险人应当于收到披露要求通知的28日内向第三人提供全部信息，若有特殊情况存在，应当向第三人说明理由并在经得第三人同意的情况下延期履行义务。[①]《2010年第三人权利法》通过保障第三人的知情权来间接促进第三人直接给付请求权的最终实现。

第三，第三人直接给付请求权的行使方式。《2010年第三人权利法》第8—13条规定，被保险人转让直接给付请求权于第三人，并不会导致保险人对被保险人或第三人履行保险给付责任的终止。第三人直接给付请求权的精髓便在于第三人也可以直接对保险人行使请求权利。从一般的侵权责任法理来看，侵权行为受害人只能向侵权人请求赔偿，而在第三人直接给付请求权制度下，第三人无须事先对经济实力相对薄弱的被保险人提出请求或控告，以免于陷入"请求给付—给付不能"的恶性循环，增加不必要的诉累。第三人如果无法起诉被保险人，则有权直接起诉保险人，并在诉讼中确认被保险人对自己的赔偿责任，请求保险人承担被保险人的赔偿责任，同时一并解决所有与索赔相关的争议。[②]但是这项权利对船东保赔协会而言，实施起来就相对困难得多。保赔保险是一项赔偿保险，即被保险人只有在接触其对第三人的相关责任后，才有权利向保赔协会索要赔偿。[③]一般的保赔协会规则内会有对"先行支付"原则的约定，而且在保单上也会写明"先行支付"

---

① Robert E. Keeton, *Insurance Law-Basic Text*, West Publishing Company, 1971, p.142.

② Robert Merkin, *Colinvaux's Law of Insurance*（9th edition）, Sweet & Maxwell, 2010, p.452.

③ Edgar Gold, *Gard Handbook on P&I Insurance*（5th edition）, Gard-gjensidig, 2002, p.118.

条款。① 由于《2010年第三人权利法》赋予了第三人对保险人的直接请求权,"先行支付"条款就与该项权利相抵触。英国法院对这种条款持支持的态度。在责任保险合同下,英国法院认为《2010年第三人权利法》并不意在把第三人放在比被保险人更好的位置上,所以在被保险人没有解除其对第三人的责任时,船东保赔协会可以以"先行支付"条款为由,拒绝赔偿第三人。②

第四,关于被保险人对第三人责任认定③问题,《2010年第三人权利法》也作了规定。对责任的认定,在法律规定中有四种,分别是:通过法院做出的责任声明;法院的生效判决书;仲裁裁决书;被保险人和第三人之间已生效的和解协议。④再结合该法的其他条款可以得知,第三人对责任保险人的直接请求权是被该法明文承认和保护的。在该法下,第三人可以通过直接对保险人诉讼,或者在取得法院出具的责任声明后直接向保险人请求支付保险赔偿金。⑤

故此,《2010年第三人权利法》对英国海上责任保险制度乃至整个责任保险制度都起到了极大的补充与完善作用。《2010年第三人权利法》的颁布与实施,极大地节约了第三人的诉讼时间和成本费用,更加经济高效地解决了侵权责任在保险理赔中存在的理赔困局。英国的法律改革以《2010年第三人权利法》为突破口,极大地突破了合同的相对性原则对责任保险合同项下的第三人最终权益的限制,建立起了"第三人—保险人"的直接利益诉求机制与渠道,对世界其他国家的海上责任保险制度产生了深远的影响。⑥ 不过值得注意的是,该法是在被保险人破产及其他无法支付的条件下实施的。⑦

2. 合同稳定性的加强:英国《2015年保险法》的改革

2015年,英国修改了保险法的相关规定,对整个商业保险进行了全方

---

① 参见 Gard Rule 87。
② The Fanti and the Padre Island(1990)2 Lloyd's Rep.191.
③ 此处"认定"一词指代的是《2010年第三人权利法》中的"establish"。
④ Third Parties(Rights against Insurers)Act 2010, s1(4).
⑤ 英国《2010年第三人权利法》第1条第2款中明确规定第三人对被保险人的责任保险人享有保险金直接请求权,第3款中明确约定了第三人行使该权利的方法。
⑥ Robert E. Keeton, "Insurance Law Rights at Variance with Policy Provisions", *Harvard Law Review*, 1970, 83(6), pp. 1281–1322.
⑦ Third Parties(Rights against Insurers)Act 2010, s4.

位的变革。与MIA1906相比较，英国《2015年保险法》最大的亮点在于对最大诚实信用原则进行部分修订，软化了违反最大诚实信用原则所导致的法律效果，进一步增强了合同的稳定性。该法对海上责任保险同样适用，因而对海上责任保险制度的发展也同样具有重要意义。其中涉及最大诚信原则的改革主要有以下三点。

第一，英国《2015年保险法》对"合理告知义务"做了进一步改革，使告知义务的要求更加缓和。告知内容的"重要事实"，首先必须满足一个"善良"而又"尽责"的保险人的"合理期待"；其次，从实际效果上来讲，该"重要事实"必须在客观上对保险人承保与否起着举足轻重的影响和作用。这改变了MIA1906中对告知义务近乎严苛的要求。在履行告知义务的方式上，英国《2015年保险法》摒弃了MIA1906的"全面告知义务"，而尽可能告知保险人重要信息或者紧密关联信息。同时，在履行告知义务时，被保险人除了应当告知其所掌握的信息外，还应当主动查询并了解其他人对投保事项所知晓的信息。在提供给保险人重要事实的"呈现形式"上，被保险人告知的内容不能混乱无序，而应该条理清晰、明确，不会给保险人造成歧义或误解，以最大限度地保障保险人完全掌握被保险人所提供的信息。

第二，英国《2015年保险法》在"最大诚实信用义务"的规定上取得的最大突破，就是明确保险人应当主动了解投保事项，被保险人履行告知义务并不等同于免除保险人的责任，从而使力量更为强大的保险经营机构在被保险人告知"重要事实"的过程中不会袖手旁观、消极回避，间接阻碍被保险人履行如实告知义务。通过上述对最大诚实信用原则的修订，海上责任保险合同在签订之际，即有效地降低了投保人或被保险人的道德风险，保护了保险人的知情权。

第三，在未履行如实告知义务的法律后果方面，英国《2015年保险法》进一步细化了被保险人违反告知义务的不同情形：在被保险人因故意或重大过失而未履行告知义务时，保险人有权解除保险合同，而使保险合同丧失效力，且不退还已缴纳的保险费；若被保险人并非因故意或过失而未履行如实告知义务，事后经过告知保险人后，保险人决定不予承保的，保险人有权解除保险合同，但应当退还被保险人已缴纳的保险费；若被保险人并非因故意或过失而未告知某一方面的重要信息，且保险人承保还需要另外的条件，则保险人有权主张通过另外的承保条件来决定是否承保；若在被保险人并非因故意或过失违反告知义务且经过保险人同意增加保费的情况下，保险人有权从保险金额中抵扣增加的保费。

英国《2015年保险法》更为全面地对保险制度中传统的最大诚信原则进行了调整，这次调整可谓近百余年中英国商业保险法律制度最大的一次变革。虽然本次修法并非针对海上责任保险，但其中关于最大诚信原则下的义务群规则的修订，显著降低了保险合同解除的可能性，同时缩窄了保险人拒赔的理由范围。这也必然会导致海上责任保险合同中，保险人承担赔偿责任的几率大幅提升。暂不论此种改革对再保险市场产生的影响，其对作为被保险人的商人的保护程度无疑大大增加了。同时，海上责任保险的稳定性提高了，也会使得受害第三人获得保险金保障的机会更加稳定，这必然也会强化责任保险对受害第三人的保障力度。

（三）英国海上责任保险制度现代发展的趋势：保护的倾斜化与利益的平衡化

英国海上保险法对许多国家的保险法制度发展有着深远的影响，但随着当代保险业的飞速发展，目前也有部分学者，特别是英美法系的学者对英国MIA1906在当代保险业的服务作用提出了一些质疑。例如，虽然一部分学者认为英国MIA1906对解释新的协会货物保险条款和船舶保险条款仍然可以继续提供可行的框架，但另一部分质疑派学者认为英国MIA1906的制定距今多年，而该法中的一些原则更是早在数百年前就被提出，所以它已经过时，无法适应现代保险业飞速发展的需要。在某种意义上，法律是利益各方之间不断斗争妥协的产物。一部好的法律实际上意味着利益各方之间寻找到了一种相对完美的平衡。通过一系列的调研和研究，英国《2015年保险法》才最终出台。可见这个修改过程十分精细和漫长，且新法的很多条款都是在对前期判例整理归纳的基础上产生的。但即使如此，它仍然面临了一些争议。① 如果一国法律在立法设计时未能充分考量并有效对接司法实践与保险业经营实践，海上责任保险制度便难以发挥出实际效用。英国海上责任保险制度立法中的变革，便能很好地说明这一点。

---

① 参见［英］巴里斯·索耶《英国保险法改革对〈1906年海上保险法〉的影响》，郑睿译，载《中国海商法研究》2014年第4期。

海上保险的演化发展与船舶性能的发展、世界航运业的发展紧密联系在一起。在最初的时候，船舶大多性能不佳，在面对海上的风浪时，往往船毁人亡。再加上航行周期非常长，所以，保险人在承保时通常也面临着很大风险。在这个阶段，法律倾向于保护保险人。于是我们可以看到，海上保险的立法中所确立的原则诸如被保险人的告知义务、保险利益原则、最大诚信原则等都倾向于保护海上保险人的利益。

而在随后的发展中，船舶制造技术随着生产力、生产工具的精进得到提升，各种国际公约，包括国际海事组织所制定的《国际海运危险货物运输规则》（International Maritime Dangerous Goods Code，简称 IMDG Code）的出台，在世界范围内产生了巨大影响。[1] 前述的各种原因使海上航行风险降低，保险公司由此获得巨大利益，加上原先的法律规定普遍倾向于保护保险人，这样势必导致保险人与被保险人的利益平衡关系在新情况下失衡。于是，出于公平的考虑，英国开始对法律进行改革，在立法上更倾向于保护被保险人，以平衡保险人与被保险人的关系。

但保险人与被保险人的博弈并未结束。虽然英国《2015 年保险法》的多数改革举措都是合理且在理论上站得住脚的，使被保险人的法律地位获得了很大提升，然而，仍有部分改革反映出被保险人与保险人之间的利益博弈对司法实践乃至立法产生的影响，而这种影响贯穿于整个海上保险的发展历程。[2]

二、美国海上责任保险制度的发展与改革

与英国海上责任保险制度相比，美国海上责任保险立法起步较晚，并且各州对海上责任保险制度的规定又各不相同，但总体来看，海上责任保险制度在美国发展迅速，尤其是在第三人直接给付请求权立法和油类污染责任与赔偿领域，美国海上责任保险立法具有典型的示范意义。除此之外，美国海上赔偿责任限制立法也走在世界各国的前列，相关立法与制度值得进一步剖析。

---

[1] Nicholas J. Healy, "International Convention on Civil Liability for Oil Pollution Damage, 1969", *Journal of Maritime Law and Commerce*, 1970, 2, pp. 317–323.

[2] 参见［英］巴里斯·索耶《英国保险法改革对〈1906 年海上保险法〉的影响》，郑睿译，载《中国海商法研究》2014 年第 4 期。

（一）美国海上责任保险制度的历史发展

美国海上责任保险制度的开端是《1851年船舶所有人责任限制法》。《1851年船舶所有人责任限制法》是美国联邦政府制定的第一部关于限制船舶所有人责任的立法。尽管美国的海事赔偿责任限制立法比其他欧洲国家晚了接近100年，但是《1851年船舶所有人责任限制法》的颁布实施标志着对船舶所有人的责任限制制度在美国建立起来了。其不仅吸收借鉴了欧洲国家海事赔偿责任限制立法的规定，并且将之进一步加以完善，使其更加适应美国海上贸易活动发展的需要。

美国海上赔偿责任限制制度缘起于新泽西轮船航海公司诉商业银行案，新泽西轮船航海公司负责运输商业银行的货币，后来船舶失火造成了重大的人身与财产损失。在审判过程中，新泽西轮船航海公司要求按照承运合同的约定，限制其向商业银行的赔偿额度，但是美国联邦最高法院拒绝了上述请求，要求新泽西轮船航海公司承担全部损失。此案促使美国海上运输企业开始思考如何规避航运过程中的高额损害赔偿责任，同时也引发了美国政府对本国航运企业发展滞后于欧洲国家的担忧。因此，《1851年船舶所有人责任限制法》颁布实施。

有关程序法方面的规定，《1851年船舶所有人责任限制法》在普通的诉讼程序中增设了海事诉讼特别程序，通过海事诉讼特别程序来审判船舶所有人与其他当事人之间的纠纷，意在快速化解纷争，提高海上纷争解决的效率。有关实体法方面的规定，在《1851年船舶所有人责任限制法》立法之初，为保护美国航运企业的发展，法院在司法裁判中大都支持航运企业的责任限制请求，但随着时代发展，航运企业不断壮大，美国海上保险领域的专家和审判人员开始担忧，继续适用《1851年船舶所有人责任限制法》中的责任限制规定会导致责任赔偿限额与最终实际损失之间的不一致。若两者的差额在一定范围之内，或许还属于美国海上责任保险司法裁判和理论可接受的范畴，倘若发生特别重大的海上运输事故，船东的最终赔偿责任远远不够受害人的损失额度，这会导致海上责任保险司法裁判中公平正义的缺失，也会动摇海上责任保险赔偿责任限制的根据。上述担忧随着美国海上责任保险实务的发展而愈发明显。托利卡尼翁号油轮泄漏事件就体现了这一问题。1967年3月18日，托利卡尼翁号油轮在布列塔尼海域发生沉船事故，船上运载的原油也悉数泄漏到海洋之中。该事件导致英、法两国海岸严重污染，产生了巨大的经济损失。但是按照当时美国的《1851年船舶所有人责任限制法》，油污受害人只得到了实际损失五分之一的赔偿。

此外，美国也未加入《1910年统一船舶碰撞若干法律规则的国际公约》，其判断碰撞责任的原则与其他国家迥异，其采用由两船平均共摊责任（过失比例各50%）的原则，或以连带赔偿责任之概念赔偿全额损失。当所有涉事船舶在碰撞事故中均存在过错时，货主有权向非载运其货物的船舶就其损失主张赔偿；而承担赔偿责任的船舶可向他方船舶追偿一半的责任比例。① 就此情形，载货船舶需直接对非载货船舶承担责任，这也造成间接对所载货物的损失承担责任。为解决此种异常状态，承运人在提单中加入双方可归责碰撞责任条款（Both to Blame Collision Clauses），规定货主应对载运其货物的运送人补偿其因赔偿对方船舶所产生的费用。② 此时，货主对运送人应补偿的损害，按货物协会条款第3条，将由保险人负担，而保险人认为有必要的情形，则可以自己的成本或费用，为被保险人对该求偿抗辩。

（二）美国海上责任保险立法的当代改革：重点保护对象转变

1. 第三人直接给付请求权相关立法

在美国部分州法律中，海上责任保险制度的发展也取得了相当成就。就海上责任保险的第三人直接给付请求权而言，美国各州的规定和做法不尽相同。美国各州中有相当一部分州制定了海上责任保险法，其中以路易斯安那州最为典型。③ 20世纪初，路易斯安那州开创性地制定了首个直接诉讼法。尽管该部法律禁止因被保险人破产、死亡等原因而免除保险人的责任，但是第三人在特定条件下仍可对保险人直接请求给付，该特定条件即第三人获得对被保险人责任的判决文书。但是，该项规定在被保险人已进入破产程序或者已经破产的情形下，无法发挥其应有的作用。

---

① Stephen Girvin, *Carriage of Goods by Sea*（2nd edition）, Oxford University Press, 2011.

② 参见张新平《海商法》（第4版），台湾五南图书出版有限公司2010年版，第326页。

③ 参见［美］John F. Dobbyn《Insurance Law》（美国法精要·影印本），法律出版社2001年版，第337-338页。

到 20 世纪 50 年代，路易斯安那州将数部保险法合并为一部独立的法典，并对其中的条款进行了修订，扩大了直接给付请求权的主体范围，当被保险人的侵权行为致使第三人死亡的情形发生时，第三人的继承人能够承继该项直接给付请求权。自此以后，第三人的直接给付请求权在路易斯安那州保险法典中被固定下来，法院司法裁判的过程中，不允许剥夺第三人的该项权利，同时也禁止当事人通过协议的方式架空第三人的直接给付请求权。

路易斯安那州以外的其他州，如威斯康星州也在其州法律中设置了海上责任保险第三人的直接给付请求权条款；而诸如纽约州，则对第三人向保险人的直接给付请求权加以限制，规定第三人不享有任意直接向保险人请求给付的权利。除此之外，海上责任保险是否应该被纳入保险法律体系，也是美国部分州所争论的焦点问题。譬如，密苏里州在处理海上责任保险案件时，由于缺乏专门的海上责任保险法规，在寻找裁判依据的过程中，不得不援引相关机动车辆、房屋保险的法律和判例。这种做法必然导致海上责任保险案件的处置缺乏说服性和权威性，不能有效地指导海上责任保险理论和实务的发展。

总体而言，美国海上责任保险制度中的第三人直接给付请求权立法在各个州之间情况各不相同。但是，其中有些州的立法状况与司法裁判都达到了世界领先的水平，在对第三人直接给付请求权的操作细则上，设定相对合理，能够较好地满足保障第三人权益的现实需求，值得肯定。

2. 环境责任险的强制化

随着美国作为世界最大经济体地位的确立，美国作为原油进出口大国，油类污染责任与赔偿在其海上责任保险制度中具有重要地位。在环境责任保险领域，美国曾就是否申请成为《1969 年国际油污损害民事责任公约》与《1971 年设立国际油污损害赔偿基金公约》的会员国而摇摆不定。原因可以简要概括如下：第一，因为《1969 年国际油污损害民事责任公约》与《1971 年设立国际油污损害赔偿基金公约》的效力位阶要高于美国各州的法律，美国在成为上述两个公约的会员国之后，就面临着上述公约与美国各州法律适用困难的局面，这两个公约更与美国一些州的地方利益产生冲突；第二，上述公约的理念与美国长期奉行的海上责任保险理念大相径庭，如何消除两者之间的隔阂，已经困扰了美国多年；第三，上述公约规定的海上责任保险赔偿额度，相对于美国海上责任保险实务的操作来说，赔偿水平低，赔偿金额不足，且不能涵盖油类污染所造成的损害，并不能起到提醒海上航运船舶所有人尽职做好防范油类污染的效果，同时，在是否需要在船舶所有人之外向其他侵权人追究责任的问题上，上述公约也与美国海上责任保险实务经验相去甚远。[①] 针对上述差别，美国海上责任保险实务迫切地需要一部治理海上油类污染的专门法律，《1990年油污法》（Oil Pollution Act of 1990）也就应运而生了。

美国《1990年油污法》大幅度提高了船舶油污损害赔偿的额度，并在此基础之上，建立起了颇具里程碑意义的"两重赔偿主体机制"，这对其他国家或地区的立法具有典型的示范作用，具体规定如下。

在油污责任的基本赔偿能力要求方面，《1990年油污法》第1016节规定，对航行于美国海域内的船舶（300吨以上），以及在美国海上专属经济区的运油船舶要求建立一定的赔偿责任证明机制，[②] 例如船舶所有人的财务状况证明书、运费收入明细以及其他可以用来证明其经济实力的证明文件。[③] 此项规定的目的同样在于确保油类污染事故发生后，船舶所有人具备足够的经济能力赔偿受害人的经济损失，以及治理其造成的海域污染。这一规定取代了美国原先的《清洁水法》、《外部大陆架法》1978年修正案、《跨阿拉斯加管道授权法》以及《深水港法》的此类要求。在出具财务能力证明文件的主体方面，《1990年油污法》进一步又规定了只需要船舶所有人、承运人以及货主其中一方主体出具即可，不要求三方当事人同时出具上述文件。在船舶发生原油污染事故时，第三人可向上述三方当事人其中的一方追究赔偿责任，由此极大地便利了第三人主张权利。

就海上责任保险与其他保障形式的关系而言，船舶所有人、承运人、货

---

① Harnett & Thornton, 48 Col LR 1162, 1171 (1948), p.1183.

② Oil Pollution Act of 1990, Sec. 1016. Financial Responsibility.

(a) REQUIREMENT. — The responsible party for —

(1) any vessel over 300 gross tons (except a non-self-propelled vessel that does not carry oil as cargo or fuel) using anyplace subject to the jurisdiction of the United States; or

(2) any vessel using the waters of the exclusive economiczone to transship or lighter oil destined for a place subject tothe jurisdiction of the United States; shall establish and maintain, in accordance.

③ Oil Pollution Act of 1990, Sec. 1017.

主提供的财务能力证明文件有具体的期限要求，一般不超过3年。《1990年油污法》规定的五类文书包括海上责任保险合同文本、第三人提供的保证合同文本、有权机关出具的财务能力证明文件、货物保险合同文本、其他证明文件。这五类证明文件的法律效力主要由美国海岸警卫队来负责认定。[①] 在这五类证明文书中，船舶所有人选择第三人提供的保证合同文本以及货物保险合同文本的比例并不高。究其原因，是这两类证明文书的费用高昂，一般船舶所有人无力负担如此沉重的运营成本，而一些大型石油公司和运油类公司凭借其自身雄厚的财务实力，在防范油污责任时，会选择这两类证明文件。

就油污责任保险的第三人直接给付请求权而言，因为船舶所有人、承运人及货主提供了证明其经济实力的财务证明文书，所以可以默认这些责任主体具有赔偿的能力。于是，《1990年油污法》规定，在发生海上油类污染责任事故时，第三人可以向上述责任主体请求赔偿，这一点符合一般的侵权法理论。[②] 同时，作为船舶所有人的保证人，在航行船舶发生油类污染责任事故时，保证人也负有对第三人的损失承担赔偿责任的义务。在特定情形下，例如因船舶所有人的故意行为致使保证人需要向第三人承担赔偿责任时，保证人可主张免除自身的保证责任，而由受害第三人直接向船舶所有人主张赔偿责任。在船舶所有人直接承担赔偿责任，保证人承担保证责任之外，《1990年油污法》还规定了受害第三人还有第三种路径来保证其权益，那就是信托赔偿基金。具有公益性质的信托赔偿基金是专门为赔偿海上油类污染事件而设立的基金，在第三人的权益受到严重损失，而船舶所有人和保证人都不愿意承担赔偿责任时，信托赔偿基金可发挥兜底性的作用。[③] 但是需要注意的是，船舶所有人、承运人及货主提供的证明其经济实力的财务证明文书，需要经过保险人的认可才能发生效力，所以受害第三人对保险人也拥有直接给付请求权。《1990年油污法》的进步性主要体现在两方面：一是肯认了受害第三人对保险人的直接给付请求权；二是在明确油类污染责任最终承担主体方面，规定了油污损害的无过错归责原则。

---

① Oil Pollution Act of 1990, Sec. 7001.
② Kenneth Joseph Arrow, *Essays in the Theory of Risk-Bearing*, Markham, 1971, p.27.
③ Oil Pollution Act of 1990, Sec. 5006（C）.

综上所述,《1990 年油污法》对船舶的责任承担方式、第三人的权利、船东的归责原则、偿付能力等都作出了十分详尽的、更有利于受害人的规定。该法的颁布和实施对美国海上责任保险领域的实务操作起到了巨大的指导性作用。同样,《1990 年油污法》虽然规定了海上责任保险必须以强制责任保险的形式来承保,但也对船舶所有人的赔偿上限作了规定,以限制船舶所有人的最终赔偿责任,促进了海上运输及贸易的发展及进步。

(三)美国判例法实践对海上责任保险制度的影响:合同稳定性的增强

1. 最大诚信原则判断标准的变化

最大诚信原则是指保险人真诚地向被保险人提供足以影响被保险人做出订约及履约决定的重要事实,告知被保险人一切与保险有关的重要情况,不虚伪、不欺瞒、不隐瞒。①

海上保险合同是在最大诚信原则的基础上形成的,这项原则是维护保险业务正常进行必不可少的前提条件。在海上保险中经常可见当投保人向保险人投保船舶和货物时,被投保的船舶或货物已离开了港口。在这种情况下,保险人应有义务接受投保,但是保险人已无法行使实地检查投保标的物的权利。这时保险人是否承保或怎样确定保险费率,全凭投保人告知。如果投保人不遵守这项原则,对于保险标的的事实陈述不清或隐瞒,保险人有权解除合同。

美国最高法院主审麦克拉纳汉诉环球保险公司案(M'Lanahan v. Universal Insurance Co.)②时,主要的审判依据就是英国法中的最大诚信原则。

在该案中起到重要作用的是一份保单,该保单包含"不管是否灭失"的约定,它所承保的是一条名为卡利欧尔号的船舶在某段路程中的风险。但是在投保过程中却存在时间差,即在 1823 年 12 月 22 日保险代理人使得保单发生效力,而此时所投保的船舶很可能已经遭遇灭失风险。而于 1823 年 10 月 20 日以信函方式投保的船东并未注明船舶出发的时间。同时,也更为严

---

① Vine Deloria, *Of Utmost Good Faith*, Straight Arrow Books, 1971.
② M'Lanahan v. Universal Insurance Co., 26 U.S. (1 Pet) 170, 185, 1998 AMC 285, 296, 7 L.ed 98 (1828).

重的是，船东并未将卡利欧尔号已经毁灭的消息及时告知保险代理人。对此，保险代理人选择不予承担保险责任。① 鉴于此种情况，主审法官在审理时首次将最大诚信原则作为审判依据。② 在确定告知义务的内容时，法官试图引入客观判断的观点，以期更多地顾及被保险人的利益。

2. 保险法律适用的确定化

美国的海上保险一直以英国颁布的 MIA1906 为蓝本，在判例与成文法上一直都遵循着英国法，甚至美国在许多案件的判决理由中都直接引用了英国海上保险法中的原则并突出英国法律的指导意义。这样的方式在早期对美国海上责任保险的发展中有重要的作用。

在这样的背景下，美国的"威尔伯恩案"③ 改变了长久以来形成的司法惯例，同时也暴露了美国在海上保险立法中存在的问题。"威尔伯恩案"的判决规定，首先适用联邦海商法，在联邦海商法无法解决问题时适用州法。在美国海商司法实践中，长期以来一贯适用联邦海商法，然而"威尔伯恩案"的裁决使得此后同一类型的案件的审理依据变得模糊和混乱。从表面上看，这一判决带来的影响不足为道，因为不能适用联邦海商法就适用州法看似清晰明朗，实际在具体操作中却会令法官、律师等人感到无所适从。首先，多数法官虽然对法律规范十分了解，但是海商法的案件在其审理范围内仅占小部分，很多法官缺乏处理相关案件的经验，法官之间主观上的差别会导致法律问题定性的差别，可能有的法官认为某一案件属于海商法的争议范围，而其他法官的看法则截然不同；其次，美国有 50 个州，每个州的法律都有各自的特点，各不相同，当事人选择在哪个州起诉可能会对案件结果产生至关重要的影响。因此，这一判决致使美国海上保险司法陷入混乱，并且割裂了美国海上保险法与英国海上保险法之间的关系。这使得海商法专业人士对案

---

① Susan Hodges, *Cases and Materials on Marine Insurance Law*, Routledge·Cavendish, 1996, p.87.

② 在美国早期海上保险案例中，被保险人对诸如船舶租约合同价值、船舶航行日期或船舶评级等事实的误述，也将导致保险合同无效。See, e.g., Bella S. S. Co. v. Insurance Co. of N. Am., 5 F.2d 570, 1925 A. M. C. 751（4th Cir. 1925）; Kerr v. Union Marine Ins. Co, 130 F.415（2d Cir.）, cert. denied, 194 U. S. 635（1904）; Higgie v. American Lloyds, 14 F. 143.

③ Firema's Fund Ins. Co. v. Wilburn Boat Co, United States Court of Appeals Fifth Circuit. March 23, 1962. 300 F.2d 631. 1962 A. M. C. 1593（Approx. 16 pages）.

件的预判力大幅下降,司法充满不确定性。[1]

佛罗里达州的法院对"保险公司诉弗蒙霍尔丁斯案"的裁判纠正了这一司法的混乱现象,使得法律适用变得清晰。在该案中,适用联邦海商法和适用州法可能导致判决结果完全不同。[2]最后法院判决认为,被保险人不遵守保单所规定的贸易和航海限制的情况应适用联邦海商法。在有证据说明被保险人不遵守限制的情况下,保险合同宣告无效,不用考虑州法对此的规定。主审法官戴维斯举了另外的案例来论证前述判决的合理性。首先是"列克星顿保险公司诉库克斯海味案"(Lexington Ins Co. v. Cooke's Seafood),在这个案件中被保险人在保单上存在航海限制,法院在审判中援引了联邦海商法,认为只要被保险人违反了保单中的明示担保就将保险人的责任免除。其次是路易斯安那州的法院在审理"纽约海上及共同保险公司诉海上拖航有限公司案"时也遵循了这一判决思路。[3]

从上述两点可以看出,在美国司法实践中出现的典型判例,虽然多集中在整个海上保险领域,但这些裁判必然也对海上责任保险本身产生影响。其中,在最大诚信原则上,美国司法裁判比英国同时期更为激进,在很大程度上对原有的最大平衡原则的法律效果进行了软化,较为严格地限制了保险人免责的情形,同时设置明确了受害第三人直接请求权,加强了保险合同的稳定性。可以说,在整体的思路上,英美两国海上保险法具有相当的近似性。这本身和整个保险合同越来越倾向保护被保险人或受害人和对原有最大诚信原则下近乎严苛的规则的矫正两种趋势有着直接的联系。这两种倾向折射到海上责任保险上,就表现为保险人对受害第三人的免责事由减少,责任保险合同稳定性增强以及保险人赔偿效率提升,这些几乎都是现代责任保险发展的必然趋势。虽然有学者认为,在海上保险领域,不应当过分强调对被保险人或受害人保护的倾斜,而应当根据海上保险的经营经验平衡各方利益。但从英美两国海上保险法的发展仍然可以看出,重视对被保险人和受害人的保

---

[1] Robert E. Keeton, *Insurance Law-Basic Text*, West Publishing Company, 1971, p.142.

[2] Johnny Parker, "Replacement Cost Coverage: A Legal Primer", *Wake Forest Law Review*, 1999, 34(2), p.297.

[3] 相关论述参见张湘兰《美国海上保险的立法走向》,载《武汉大学学报(哲学社会科学版)》1997年第3期。

护是现代英美海上保险法的整体发展趋势。

第三节 典型国际条约的规则与发展

一、海事赔偿责任的限额标准:《1976年海事赔偿责任限制公约》

赔偿责任限制是海上责任保险制度的核心内容之一,国际上关于船舶所有人责任限制的公约有许多,其中以1924年颁布的《关于统一海上船舶所有人责任限制若干规定的国际公约》最为典型。这一公约规定了在海上事故发生后,以财产损失总额乘以一定单位的方式赔偿财产损失,以在财产损失的基础之上加倍的方式赔偿人身损害。[①] 然而,以财产损失为基准来衡量人身损害的赔偿方式明显具有很大的缺陷,既违背了基本的伦理道德观念,又无法有效弥补船舶所有人的人身损害。

在此背景之下,1976年11月《1976年海事赔偿责任限制公约》(Convention on Limitation of Liability for Maritime Claims,1976)(以下简称《1976年公约》)于英国伦敦通过。《1976年公约》的出台,是为了避免给海上航运企业施加过于沉重的赔偿负担,推动海上航运事业的发展,以航运企业的责任承担为视角,限制海事赔偿的责任限额,而非全面充分的赔偿。[②]《1976年公约》的主要特色条款之一就是"事故制度",是指海上责任保险事故中的每一次事故都有不同的责任限额,"就事论事"而不采用统一的额度。除此之外,在计算事故责任数额时,以"特别提款权"(SDR)作为计量基准,也是《1976年公约》的特色之一。[③]

在海事赔偿责任限制主体方面,《1976年公约》规定了主张限制赔偿责

---

① Robert E. Keeton, *Insurance Law-Basic Text*, West Publishing Company, 1971, p.142.

② Holmstorm. B, "Moral Hazard and Observability", *Bell Journal of Economics*, 1979, pp.74-91.

③ Edgar Gold, *Gard Handbook on P&I Insurance* (5th edition), Gard-gjensidig, 2002.

任的适格主体，船舶所有人、承租人、管理人、经营人、救助人，以及这些主体的受雇人、代理人和责任保险人，既是需要承担赔偿责任的主体，又是可以主张赔偿责任限制的主体。

在限制性海事请求范围方面，《1976年公约》赋予适格主体限制赔偿责任的请求范围有：①船舶碰撞事故发生之时以及之后，关于使事故船舶消除危险隐患、清理各类妨碍、实施救助等事项的索赔；②对事故船舶上所运载的各类货物的索赔。对于上述两项内容，适格主体均可以主张限制其赔偿责任。

在责任限制条件和丧失条件方面，为防范行为主体的道德风险，《1976年公约》规定了不能请求限制赔偿责任的两种主观状态：行为主体故意或过失造成的损失。

在除旅客运输外的责任限额方面，《1976年公约》规定的国际航行船舶的责任限额受两个因素的影响：一是与船舶总吨位有关，随着船舶总吨位的增大，责任限额的赔偿额度呈现递减的趋势；二是与是人身伤亡还是财产损失的类型有关，一般而言，在相同船舶总吨位的前提下，人身伤亡的责任限额远比财产损失的责任限额要高。

在海上旅客运输责任限额方面，《1976年公约》分别约定了国际海上旅客运输的赔偿责任限制，按照46666 SDR乘以船舶证书规定的载客定额计算责任限额，但是不得超过2500万SDR。

在责任限制基金方面，《1976年公约》第13条规定："责任人设立责任限制基金后，向基金提出请求的任何人，不得对责任人的任何财产行使权利。"[①] 而且，相对于《1957年船舶所有人责任限制公约》，《1976年公约》里所设置的责任限制更难被排除，因为在适用该公约时法院会默认申请人有权享有责任限制。[②] 英国法院在适用本公约时甚至不需要事实上责任的成立，仅仅需要成立假设推定的责任。[③]

---

① 胡正良等：《中国加入〈海事赔偿责任限制公约〉问题研究》，载《海大法律评论》2008年第3期，第304页。

② Edgar Gold, *Gard Handbook on P&I Insurance*（5th edition），Gard-gjensidig, 2002, p.469.

③ Bouygues Offshore SA v Caspian Shipping Co（Nos 1, 3, 4, 5）[1998] 2 Lloyd's Rep 461.

自《1976年公约》颁布并实施以来,据统计,已有近60个国家和地区加入了该公约。但是,从实施效果来看,《1976年公约》规定的责任限额仍然较低。对具有公益性质的海上救助所造成的损害赔偿,相关主体不享有责任限制权利,此规定无疑挫伤了海上救助事业的发展,导致无法实现对受害第三人全面且充分的赔偿。①

二、双层责任机制的建立:《2002年海上旅客及其行李运输雅典公约》

2002年10月底,国际海事组织审议并修改了《1974年海上旅客及其行李运输雅典公约》(以下简称《1974年雅典公约》),进而出台了《2002年海上旅客及其行李运输雅典公约》(以下简称《2002年雅典公约》)。

《2002年雅典公约》最大的进步之处就是在之前单一责任的基础上发展完善起来的有区别的双层责任机制。双层责任机制适用于船舶运输过程中对旅客造成了伤亡的情形。《2002年雅典公约》第3条规定,以承运人是否具有过错为依据划分为双层责任,在承运人无过错的情形下,承运人对旅客的人身伤亡只需承担有限的赔偿责任,不会超过特定的额度,亦即"第一层责任限额(25万SDR)";在承运人有过错的情形下,承运人对旅客的人身伤亡的赔偿责任,将会大大地超过上一情形下的责任限制,而达到"第二层责任限制(40万SDR)"。②双层责任制度产生于国际海事组织参会国家或地区互相博弈的结果。双层责任制度是对严格责任制度的一种矫正,提高了承运人限制赔偿责任的额度,可以避免由于对承运人过度保护而忽视了旅客的正当权益,平衡承运人的正常生产经营活动与旅客权益之间的保护力度。对于是否适用双层责任限额,以及双层责任限额的幅度应当如何确定,各个国家或地区之间仍存在一些争议。③但是这也并不妨碍双层责任制度在《2002

---

① Jeffrey W. Sempel, *Interpretation of Insurance Contract*, Little Brown & Co Law & Business, 1994, p.403.

② Johnny Parker, "Replacement Cost Coverage: A Legal Primer", *Wake Forest Law Review*, 1999, 34(2), p.295.

③ 参见傅国民、叶红军《〈2002年海上旅客及其行李运输雅典公约〉介绍》,载《中国海商法年刊》2002年第13卷。

年雅典公约》颁布实施之后发挥了巨大作用。

在旅客运输承运人责任基础方面,《2002年雅典公约》关于承运人赔偿责任的规定可以归纳为以下五个方面:①当发生如下情形时,承运人对旅客的人身伤亡可以免责——战乱、自然灾害以及其他不可抗力的现象所造成的旅客的人身伤亡;②当发生如下部分情形时,承运人仍需承担过错责任——旅客的人身伤亡并非发生于航运事故之中,而是由其他事故所引起的;③因航运事故引发的致使旅客产生52万SDR以内的人身伤亡损失,承运人需承担严格责任,但按照受案法院的相关法律规定,属于旅客自身故意或过失的,则可免除承运人相应的责任;④因航运事故导致旅客人身伤亡超过52万SDR的部分损失,承运人承担过错责任;⑤旅客人身伤亡以外的财产损失,由承运人承担过错责任。①

在举证责任的承担方面,《2002年雅典公约》第3条对举证责任的分配可以归纳为以下五点:①对航运事故中的旅客人身伤亡的赔偿,承运人是否享有免责的权利,由承运人承担举证责任;②旅客的人身伤亡损失并非由航运事故引发的,由旅客承担举证责任;③航运事故中旅客自带行李的损失,若承运人想要免于承担责任,则由其承担举证责任;④非航运事故中旅客自带行李的损失,若旅客想要请求承运人承担责任,则由旅客承担举证责任;⑤航运事故中旅客非自带行李的损失,若承运人想要免于承担责任,则由其承担举证责任。②

《2002年雅典公约》采用了承运人责任保险的形式,在海事运输主体之中,以承运人的责任为核心,要求首先明确承运人的责任形式及大小,再将承运人的责任进行投保,从而在发生承运人的侵权责任事故时,由承运人责任保险予以赔付,以保障旅客的人身安全及货物的财产安全。

从上述两个当代典型的国际公约可以看出,海上责任保险在国际化发展过程中出现了一些变化。第一,海上责任保险的强制化。从以上国际公约的发展来看,这些公约意图在国际建立一种普遍的、统一的海上责任保险限额的标准。虽然国际公约在法理上并不具有所谓的强制力,但是由于公约的

---

① Robert Merkin, *Colinvaux's Law of Insurance*(9th edition), Sweet & Maxwell, 2010, p.452.

② Johnny Parker, "Replacement Cost Coverage: A Legal Primer", *Wake Forest Law Review*, 1999, 34, p.295.

参加国都必须根据公约的条款调整国内海上责任保险的责任限额,这实际上就是邀请公约成员在国内法中设置最低标准,从而间接地起到强制化的作用,保证国际海上贸易中所产生的损害能够获得较为统一的赔付。第二,海上责任保险保障范围的扩张。可以看到,国际公约的制定不仅关注当代才普遍出现的油污、危险物质污染问题,也将原有的碰撞险所保障的承运人责任从传统的对财产所承担的赔偿责任扩展到对人身损害所承担的赔偿责任。换言之,海上责任保险已经不再仅是维护海上贸易安全的手段,而是逐渐成为应对海上经营所产生的绝大部分风险、保障被保险人财务安全的重要手段。第三,保障对象的转移。从上述分析可以看出,两个典型的关于海上责任保险的公约,无论是采取设置最低保险责任保险限额的方式还是采取双层责任机制,其最终的效果都很明显:确保受害第三人获得及时且充分的救济。否则,便不需要通过设置限额等手段强制化要求承运人投保。此外,在保障范围的问题上,如果仅根据损失的程度来确定强制保险的范围,那么仅需要在损失较为严重的领域推行海上责任保险即可。显然,虽然人身损害可能产生的责任也较沉重,但与海上事故所造成的财务损失仍然无法相比。因此,将传统的碰撞险的范围扩展至人身损害,最重要的功能在于将海上保险事故中遭受人身损害的受害人纳入保障体系。

第三章
海上责任保险制度发展的困境与缘由

经过长时间的发展，海上责任保险已经成为海上保险的重要内容。从上述分析中也可以看出，海上责任保险在国际范围内已经取得了较大程度的进步。但是，随着海上贸易的发展、海上贸易危险因素的增多，各国国内的侵权法归责原则也都出现了相应的改革，这使得原先建立在传统的海上贸易模式、侵权归责原则基础上的海上责任保险制度难以适应现代海上贸易的发展。海上责任保险面临着任意性、非强制性、功能转化三大困境。对此，还需要对海上责任保险制度运行困境产生的原因，即海上保险合同的射幸性、承保风险确定和控制的复杂性、责任制约机制所存在的局限性等制度设计过程中的内因与航海技术和承保技术的巨变、海上责任保险的价值转变、海上保险制度的价值转变等制度运行过程中的外部因素进行探究，以探寻改革之途径。

第一节 海上责任保险制度的困境

海上责任保险作为一种特殊的责任保险制度，在具备财产保险转嫁、分散风险及填补被保险人损失等一般功能的同时，也面临着区别于普通财产保险制度的现实运行困境。这一困境主要表现在三个方面，即保障效果的不稳定性、保障范围的局限性和保险制度的功能转化。

一、保障效果的不稳定性

海上责任保险保障效果的不稳定性，主要体现在保险标的的不确定性和投保范围的可选择性两个方面。具言之，海上责任保险之保险标的的不确定性主要体现为保险标的自身的巨大流动性和保险标的影响因素的多样性；而海上责任保险的投保范围的可选择性则主要体现为投保险种的可选择性和投保金额的可选择性。

（一）保险责任的不确定性

海上责任保险的保险责任的不确定性特征，究其根本，是由海上责任保险特殊的风险转嫁机制所决定的。[1] 就海上责任保险所具备的特性来说，其标的的不确定性主要存在两个方面的具体表现，即由海上航行距离远、耗时长所引发的保险标的自身流动性大的问题和由海上运输环境复杂、情况多变带来的保险标的影响因素多样的问题。

1. 保险标的流动性较大

海上责任保险标的本身的流动性大是保险标的不确定性的重要表现。海运中的投保人（即船舶所有人或航运经营者）因海上责任事故而需承担的赔偿责任为海上责任保险的标的。在海运过程中，托运的货物和乘坐的旅客需

---

[1] 参见张湘兰、李凤宁《海上责任保险法基础理论问题研究》，载《武大国际法评论》2006 年第 1 期，第 126 页。

要经过遥远的路途，其间会面临各种各样的自然和人为风险，海上责任事故的发生往往难以预测、难以为人力所控制。基于各国经济发展的不平衡和政策导向的不一致，海上责任保险的保险规则和保险价格都存在较大差异，因而在海上责任保险制度运行过程中，事故发生的地点和保险公司的地址不同会造成保险理赔的范围和规则有所差异，致使各国间出现保险利益的保障不均衡的情况。海上保险业务国际化发展需要通过消除法律适用中的不确定性来减少法律障碍。[①] 然而，鉴于海上责任保险标的的巨大流动性和各国制度设计的巨大差异性，制定关于降低保险标的不确定性的国际统一规则谈何容易。

2. 保险事故因素多样

海上保险是保险业的源头，在保险业发达的国家，海上保险往往先产生，随后逐渐发展到陆上火灾保险及生命保险。[②] 究其原因，是因为海上运输环境复杂且情况多变，往往蕴藏巨大风险。在海上航行过程中，台风、海啸、地震、火灾、战争、罢工、海盗、碰撞、搁浅等突发情形都可能成为导致海上事故的影响因素。对海上责任保险事故的影响因素进行归类，可以将前述突发情形划分为三种类型，包括意外事故、自然灾害和人为因素。[③] 意外事故在海上航运中是指由于驾驶者过错或不可预见的原因引发的事故，包括战争、罢工、海盗等情形；自然灾害是指损害人类正常生产生活的自然现象，在海上航运中主要包括台风、海啸等情形；人为因素则是指因驾驶失误、第三人故意或过失致使船舶碰撞、搁浅，直接或间接造成承运货物或旅客损害而引发的海上责任事故。由此看来，海上责任保险事故的影响因素多种多样，其中意外事故具有不可预见性，自然灾害具有不可抗拒性，而人为因素则更是无法完全规避。由此可见，保险事故影响因素的多样性是导致海上责任保险标的不确定性的重要原因，进而造成海上责任保险的任意性困境。

---

① 参见傅廷中、谷浩《海上保险立法的国际协调：基础、现状和障碍》，载《中国海商法年刊》2006年第16卷，第155页。

② 参见樊启荣《中国保险法立法之反思与前瞻——为纪念中国保险法制百年而作》，载《法商研究》2011年第6期，第34页。

③ 参见曹建明、陈治东主编《国际经济法专论》（第二卷），法律出版社2000年版，第427页。

因此，海上责任保险标的本身的巨大流动性和保险事故的多重因素影响直接造成了海上责任保险标的的不确定性，无疑又是海上责任保险所面临的任意性困境的一个突出表现。

（二）投保范围选择的任意性

海上责任保险投保范围选择的任意性，主要是指海上责任保险在投保险种和投保金额上具有可选择性。具体地说，投保险种选择的任意性是指投保人（即船舶所有人、航运经营者或者货物托运人、旅客）在同保险人（即保险公司）订立海上责任保险合同时，有多种海上责任保险的险种可以选择；而投保金额选择的任意性则是指投保人（即船舶所有人、航运经营者或者货物托运人、旅客）在同保险人（即保险公司）订立海上责任保险合同时，可以自主选择投保的金额并决定保险的范围。

1. 投保险种选择的任意性

在海上责任保险制度设计上，投保险种的可选择性是海上责任保险投保范围可选择性的重要体现，比如在海上货物运输保险中，有水渍险、平安险和一切险三种保险类型可供投保人选择。[1] 当然，选择不同的险种意味着海上保险的保障不同，由此海上责任事故的责任人所需承担的损害赔偿范围也有所差异。概言之，不同险种的选择直接导致海上责任保险的保护范围差异。而且，在海上货物运输过程中，贸易术语的选择不同，风险的承担方不同，风险转移的时间点也有所不同。例如，在海上货物运输过程中，FOB（装运港船上交货）与CIF（成本加保险费加运费）的保险费用的承担者就存在差异，前者的保险费用由买方承担，而后者保险费用则由卖方承担，且仅负担最基本的水渍险。[2] 在国际贸易过程中，贸易术语的应用并不必然制约海上保险的选择，在贸易术语规则之外，买卖双方可另外选择其他的海上保险及海上责任保险，以确保海上航运风险能够获得充分的转嫁和分散。与此同时，也往往衍生出为节约航运成本，只选择最低限度的保险的问题，进而造成适得其反的恶劣结果。由此看来，在海上责任保险领域中，当事人对于保险合同的成立与否及订立何种类型的海上责任保险有充分的自主选择

---

[1] 参见王传丽主编《国际经济法》，法律出版社2005年版，第88-89页。

[2] 参见《2020年国际贸易术语解释通则》。

权，以此来决定海上责任保险的保障范围和海上事故责任人所需承担的责任程度。因此，可以说海上责任保险投保险种的可选择性导致了其保障范围的可选择性，也是海上责任保险任意性困境的突出表现。

2. 投保金额选择的任意性

海上责任保险投保金额的可选择性，无疑也是其投保范围可选择性的重要体现。海上责任保险的保险金额的可选择性实质上是保险合同当事人意思自治的结果，即海上责任保险合同订立的双方当事人可以通过平等协商决定投保的金额。在实务中，保险合同往往以格式合同的形式呈现，即保险公司提供不同类型的保险产品并制定相应的格式合同条款，并由投保人来选择购买何种产品，支付相应的保险费用。当然，法律对于格式合同的限制性规定在此也同样适用，从而能够充分保障投保人和被保险人的利益。此外，海上责任保险的制度设计已经从最初的"最高额"保险机制逐步发展为"浮动"保险规则。[①] 这一制度转变实质上是海上责任保险保障范围的扩大，同时也是海上责任保险在投保金额上选择性的增大。因而，在海上责任保险合同的缔结过程中，合同当事人对于海上责任保险的投保金额享有充分自主性，而且海上责任保险制度设计的转变也更加扩大了投保人的选择空间，有利于海上责任保险制度功能的充分发挥，但也容易引发机会主义的弊端，即投保人自信可以规避风险而降低投保金额，致使海上责任事故之责任无法获得合理的转嫁和分散。

总之，无论是投保险种选择上的自由性还是投保金额选择上的自由性，都直接影响海上责任保险的保障范围，不理性、不合理地选择过小的责任险保障范围，便是海上责任保险任意性困境的呈现。

二、保障范围的局限性

海上责任保险保障范围的局限性主要体现在传统协商投保模式的弊端和现有强制责任保险模式的局限两个方面。在传统的协商投保模式下，存在机会主义者抱有侥幸心理拒绝投保和对弱势群体合法权益保障不力的问题；在

---

① Philip W. Thayer, "Marine Insurance Certificates", *Harvard Law Review*, 1935, 49, p.239.

强制责任保险机制中,则存在范围上、经济上和规则上的局限性,并没有化解海上责任保险非强制性的困境。

(一)传统商业投保模式的弊端

长期以来,海上责任保险的设立以保险人和投保人的意思自治为基本原则,即由船舶所有人或船舶经营者自主决定投保与否,同时,船舶所有人或船舶经营者与保险公司通过自由协商来约定投保的险种和金额。这种传统的协商投保模式是契约自由的重要内容和私法自治的核心表现,[①] 从本质上展现出海上责任保险的非强制性特征。在传统协商投保模式之下,海上责任保险制度的非强制性属性显露无余。船舶所有人或船舶经营者和保险公司之间可以自由协商决定海上责任保险是否成立。但在确保契约自由的同时,传统协商投保模式的弊端也随之显现,主要表现为两个方面:一是风险机制引发侥幸心理,二是契约模式导致弱势群体的合法权益受损。

1. 侥幸心理作祟

风险,顾名思义,是指遭受损失、伤害、不利或毁灭的可能性,通俗地讲,就是发生不幸事件的概率。海上航运中的风险则是指由自然或人为的因素引发海上事故、损害、侵权的可能性。换句话说,海上事故、损害、侵权的发生存在可能性也就意味着其出现并不是一定的、必然的。伴随着造船技术和航海技术的飞速发展,人类驾驭海洋、控制风险的能力不断增强,海上事故、损害、侵权发生的概率在一定程度上也随之减少。因而,在海上航运中,一定程度上,责任风险的损失程度低,势必会造就许多机会主义者,其为降低运营成本对海上事故或损害的发生抱有侥幸心理,不理性地认为只要确保谨慎航行就完全可以规避风险,而不订立或加入海上责任保险合同。[②] 然而,科技发展在提高人类应对海上风险能力的同时,也加大了海上事故、损害、侵权的影响和范围(即航速的提高、运量的增大致使一旦发生海上事故,往往产生巨大的损害),船舶所有人或经营者会由于海上事故责任超过自身承受能力而陷入破产的处境,受害人也无法获得充分补偿。由此看来,

---

[①] 参见王泽鉴《债法原理》(第二版),北京大学出版社2013年版,第13页。

[②] 参见粟芳《责任保险需求不足的经济学根源》,载《中央财经大学学报》2009年第3期,第53页。

在非强制性的协商投保机制之下，在船舶所有人或航运经营者中滋生的机会主义趋势无疑会造成不可恢复和难以弥补的损失。因此，可以说在海上责任保险制度中，非强制属性所引发的机会主义问题是制约海上责任保险有效运行、阻碍海上航运市场有序发展的一大影响因素。

2. 弱势群体的合法权利受损

在投保人（即船舶所有人或航运经营者）和保险人（即保险公司）协商订立海上责任保险合同的模式之下，投保人和保险人所约定的保险合同条款往往会偏向对其自身利益的保护，因而作为弱势群体的受害人的合法权益就无法获得保险合同的充分保护。正如我国台湾地区著名法学家王泽鉴所言："如何在契约自由的体制下，维护契约正义，使经济上的强者，不假借契约自由之名，压榨弱者，是现代法律所面临的艰巨任务。"[1] 在海上责任事故中，受害的当事人与海上运输经营者相比处于弱势地位。[2] 由此，身为海上责任保险第三人的海上责任事故的受害人，在由船舶所有人或航运经营者和保险公司相互协商所主导的责任保险契约机制之下，处于弱势地位，其利益也自然无法在保险合同之中得到充分的保护。由此看来，在传统的协商投保模式下，海上责任保险在险种和数额上的非强制性往往造成在海上责任事故中处于弱势地位的受害人的利益无法获得有力保障，这无疑也是海上责任保险制度的非强制性困境的重要体现。

总而言之，在传统的协商投保模式下，侥幸心理的滋生和弱势群体的合法权益受损都是海上责任保险制度非强制性属性所引发的制度运行困境的具体体现。协商投保模式无疑是海上责任保险制度非强制性的核心表现。

（二）现有强制保险模式的局限

伴随着航海技术和造船技术的飞速发展，全球海上运输业也日益发达，与此同时，海上事故发生的概率和损害的程度也不断增加，世界各国关于确立海上强制责任保险制度的呼声更是愈发强烈，例如，针对海上污染对受害人和环境造成的巨大损失进行保障的《1992年国际油污损害民事责任公约》、

---

[1] 王泽鉴：《消费者的基本权利与消费者保护》，见《民法学说与判例研究》（第三册），北京大学出版社2009年版，第19-20页。

[2] 参见李凤宁《海上强制责任保险的合理性与正当性解析》，载《理论月刊》2008年第7期，第102页。

1996年《国际海运有毒有害物质污染损害赔偿公约》(HNS)、《2001年国际燃油污染损害民事责任公约》和确保旅客运输人承担损害赔偿责任的《2002年雅典公约》都规定了强制保险制度。[1] 概言之，在实践中，应用相对较多的海上强制责任保险主要有海上油污强制责任保险和海上旅客强制责任保险。现阶段海上责任保险原则上仍是任意的，海上强制责任保险只存在于某些领域，因而，可以说，当前海上强制责任保险存在很大的局限性，主要表现为范围局限性、经济局限性和规则局限性三个方面。

1. 范围局限性

此处所述的范围局限性实际包含两个方面。第一个方面是指强制保险适用的局限性。由前述可知，大部分强制保险是由国际公约所规定的。而国际公约并非强制适用于每一个国家，它不是一个法律实体。若要使这些公约具备对市场的约束力，各国必须正式签署这些公约并将其纳入本国法律当中。由此可知，在适用的形式上能够体现这些公约中相关强制保险范围的局限性。另一个方面是指强制保险承保范围的局限性。根据前述一系列条约的规定，海上强制责任保险制度在海上环境污染和海上旅客人身损害领域中都已得以确立，但在日常的船舶营运中，对频发的船舶碰撞、货物索赔等事故仍主要采用自愿投保的方式。换句话说，海上强制责任保险制度目前仅涵盖海上环境强制责任险和海上旅客强制责任险，对其他海上责任保险类型却并未涉及。基于此，可以认为海上强制责任保险的设立范围有很大的局限性，除了海上环境污染和海上旅客人身损害等涉及人民生活、生命安全和严重危害社会公共利益的领域，非强制性的自愿投保仍然是海上责任保险设立的核心方式。由此看来，在海上责任保险制度中，新兴的强制责任模式并不能改变海上责任保险本质上的非强制性特征。

2. 经济局限性

从某种程度上讲，海上责任保险的强制性无疑增加了船舶所有人或海运经营者的经济负担，使其经营成本提高，而增加的相应成本又会被转嫁给旅客、托运人。尤其是在我国船舶技术仍与发达国家存在一定差距，且老龄化

---

[1] 参见初北平《海上强制责任保险研究》，载《中国海商法年刊》2004年第00期，第98页。

问题严重，国内船舶公司企业普遍规模不大的情况下，[①] 海上责任保险的强制化会提高从事高风险运输行业的准入条件，迫使很多经营者退出航运市场，进而影响海上运输和国际贸易的正常进行。另外，作为海上责任保险保险人的保险公司面对着海上航运的巨大风险，因此，其在设计海上责任保险的产品过程中，不得不考量经营模式成本收益。尤其是在海上强制责任保险产品中，虽然强制性政策的制约可以确保产品的销售量，但是基于正常经营和发展的需要，保险产品的售价并不会因政策的影响而有所降低，因而政策的强制性要求使海上责任保险产品的价格居高不下，进而衍生责任保险危机，即船舶所有人或海运经营者无法以合理的价格买到海上责任保险，被迫放弃提供风险性较高的航运服务。

3. 规则局限性

在目前的海上强制责任保险模式下，虽然部分责任保险是强制的，但责任保险双方的权利与义务仍是由双方约定的，此时保险人常常在合同中规定一些"先行支付"或"不得起诉"等类似条款来阻碍受害人向其提起保险要求。[②] 因而，即使是在强制责任的模式下，海上责任保险在实质上仍然以非强制性的契约协商方式来运行，而且在很多情况下，保险人基于自身的优势地位，往往以"会员先付"或"被保险人先付"等条款的同意作为保险合同成立的先决条件，致使第三者直接向保险人请求赔偿的权利仍无法得到保障。[③] 而且，从现行我国《海商法》和《保险法》来看，相关法律制度并未对上述条款的效力有所限制，可以说海上强制责任保险形式的强制性并没有改变海上责任保险制度本质上的非强制性特征。

综上所述，海上强制责任保险的出现无疑是海上责任保险的制度的一大进步，而鉴于其在适用范围上、经济效益上和规则运行上凸显的巨大局限性，海上责任保险的非强制性属性并未受到根本性动摇和改变。

---

① 参见周海涛《我国海上强制责任保险制度相关问题探析》，载《保险研究》2008年第10期，第55页。

② 参见李凤宁《海上强制责任保险的合理性与正当性解析》，载《理论月刊》2008年第7期，第104页。

③ 参见张金蕾《新〈保险法〉适用下我国海上保险制度的应对》，载《苏州大学学报（哲学社会科学版）》2014年第3期，第106页。

三、保障制度的功能转化

海上责任保险制度的功能转化，主要体现在海上责任保险的财产保障功能向社会管理功能的转化。其中，财产保障功能以保护私人利益为目标，社会管理功能则以确保公共服务为宗旨。海上责任保险制度功能的转化是基于经济发展、社会进步而发生的。海上责任保险关系作为一种法律关系，在不同历史时期具有不同意义，[①]其制度功能也随之呈现出差异性。

（一）海上责任保险功能的转型要求与传统制度的滞后

海上责任保险的功能就是该制度在生产生活中彰显的作用和效果。海上责任保险作为一种重要的保险制度类型，固然具有风险转嫁和损害补偿两种基本的财产保障功能。而随着经济社会的不断发展进步，海上责任保险在保障私人利益功能的基础之上，不断显现新的服务于公共利益的社会管理功能，海上责任保险制度衍生为市场经济条件下风险管理的基本手段，成为社会保障体系的重要组成部分。[②]有鉴于此，下文将分别探讨海上责任保险的财产保障功能和社会管理功能。

1. 传统功能：财产保障功能

保障功能是保险的基本功能，是由保险的本质所决定的。[③]海上责任保险作为一种特殊保险类型，其制度设计和制度运行也是以财产利益的保障为其最基本的功能。人们常说的责任保险制度的风险转嫁和损害补偿功能，正是其保障功能的重要表现形式。责任保险最根本的保障功能，是其风险转嫁和损害补偿功能形成的基础。海上责任保险制度的功能也以保障海上责任事故责任人的财产利益为根本，这也是最初海上责任保险制度设立的根本目的和宗旨所在。诚然，在经济飞速发展的当今社会，海上责任事故的损害范围和程度分别呈现扩大和增强的趋势，海上责任保险制度的功能也出现了由维系私人财产利益的保障功能不断向维护人类公共利益的社会管理与社会服务

---

① 参见［德］卡尔·拉伦茨《德国民法通论》，王晓晔等译，法律出版社2003年版，第259页。

② 参见郭金龙、周小燕《保险功能再认识》，载《中国金融》2014年第17期，第31页。

③ 参见王伟编《保险法》，格致出版社2010年版，第9页。

功能转化之趋势，即海上责任保险制度功能异化的趋势，但是海上责任保险制度之保障功能的根本性和基础性地位并未因此而受到动摇，海上责任保险的设立仍然以保障海上责任事故责任人之私人财产利益为基本出发点。在海上责任保险制度功能转化过程中，其维系私人财产利益之保障功能依然作为基础功能而存在，唯一不同的是，在确保海上责任保险制度保障功能得到充分发挥的同时，需要考虑海上责任事故所引发的巨大社会影响和公益损害，兼顾海上责任保险制度服务人类公共利益的社会管理功能。

2. 现代功能：社会管理功能

海上责任保险制度服务人类公共利益的社会管理功能的产生，是其保险功能转化的重要体现。海上责任保险作为众多海上保险中特殊的一种类型，其在功能转化过程中所展现出的社会管理功能同海上保险制度有许多共同之处，即通过预知及转移未来的风险，来形成经济安全的心理预期。[1] 具体来说，保险的社会管理功能就是从社会学角度看保险制度所产生的对社会的积极影响，主要表现在分担政府保障职能、促进社会风险管理的有效性、调整社会资金配置结构以及缓解社会矛盾等方面。[2] 海上责任保险制度社会管理功能的衍生与发展，是海上责任保险制度与时俱进，适应经济社会发展的必要诉求。然而，海上责任保险制度功能的转化并不意味着其本身所固有的风险转嫁和损害补偿的私人财产保障功能被新产生的服务于人类公共利益的社会管理职能所取代。此处的功能转化，是指海上责任保险制度衍生出社会管理功能，且该功能与原有的保障功能共存。概言之，海上责任保险制度的功能由单一的财产保障功能转化为财产保障功能与社会管理功能并行的二元功能形态。

总而言之，海上责任保险制度的功能包括维系私人利益的财产保障功能与维护人类公共利益的社会管理功能，其功能由一元的保障功能向二元的保障功能与社会管理功能共存的转化，是海上责任保险制度发展，也是人类社会进步的需要。

---

[1] 参见魏华林、李金辉《论充分发挥保险的社会管理功能》，载《保险研究》2003年第11期，第111页。

[2] 参见张金林《现代保险功能：一般理论与中国特色》，载《中南财经政法大学学报》2004年第6期，第76页。

（二）海上责任保险的功能转化与传统制度的滞后

海上责任保险的功能形态由单一的财产保障功能向二元的财产保障功能与社会服务共存的转化，是经济社会飞速发展的产物。与此同时，海上责任保险制度功能的转化也反作用于经济社会的发展，为海上航运的飞速发展和国际贸易的迅速增长提供制度保障。

1. 海上责任保险功能转化的动因

海上责任保险制度的功能转化，究其根本，是由经济社会进步导致的海上责任事故损害范围和程度的扩大所致。具言之，在经济全球化的当今世界，基于海上航运低成本、大运量的特点，国际经贸对海上航运业有很大的依赖性。而且，航海技术和造船工业的发展也为海上航运业的繁荣提供了有力的支持。然而，随着海上航运运量的增大、运速的提高以及人类需求增加，海上运输频次的变多，海上责任事故所造成的损害也越来越大，不仅仅涉及承运人或者旅客的财产及人身权益，更关系到海上生态环境保护、事故附近沿岸居民生存等社会公共利益。例如，海上油污事故不仅意味着承运人遭受巨大的经济损失，而且对海洋生态、海洋生物以及沿岸居民的损害更是灾难性的。由此看来，在当今社会，保险制度最基本的私人财产保障功能背后隐藏着政府对于社会公共利益保护的政策考量。[1] 海上责任保险制度在保障海上事故责任人财产损失的同时，其服务于人类社会公共利益的社会管理功能也随之产生，呈现出维系私人利益之财产保障功能与维护人类公共利益之社会管理功能并行的二元功能形态。

2. 海上责任保险功能转化的效果

海上保险作为保险产业的起源，以损害补偿为基本出发点，而如今保险产业的社会功能不断凸显，是为保障公共健康和安全的重要手段。[2] 海上责任保险制度功能由维系私人财产利益之保障功能的单一功能形态向为维系私人利益之财产保障功能与维护人类公共利益之社会管理功能并行的二元功能形态的转化，不仅实现了海上责任保险制度设立的根本目的和宗旨，同时也

---

[1] Abraham Bell, Gideon Parchomovsky, "The Hidden Function of Taking Compensations", *Virginia Law Review*, 2010, 96, p.1673.

[2] Ralph Nader, "Loss Prevention and the Insurance Function", *Suffolk University Law Review*, 1987, 21, p.679.

兼顾了保障社会公共利益的要求，使海上责任保险制度更加符合当今社会发展的需要，真正起到转嫁风险和损害补偿的效果。在海上责任保险制度功能的转化过程中，随着损害范围的扩张和程度的增大，社会管理功能的重要性也表现得越来越突出。尤其是在海上油污事故等对海上生态环境及沿岸国基础设施造成巨大损害的海上责任事故中，海上责任保险制度的社会管理功能体现出了确保可持续发展的作用，[①] 即增大对环境污染和生态损害事故的赔偿力度，从而保障环境的有效治理和生态的最大限度恢复。海上责任保险制度功能的转化是经济社会发展的时代需要，也是推动经济社会持续发展的强有力保障。

综上所述，海上责任保险制度功能由维系私人财产利益保障功能的单一功能形态向为维系私人利益财产保障功能与维护人类公共利益社会管理功能并行的二元功能形态的转化，其动因在于社会的进步和经济的发展，而其效果也体现在对社会进步和经济发展的促进作用中。

第二节　困境的内因——商业责任保险制度的本质

海上责任保险制度产生困境的内因是指造成海上责任保险制度运行困境的制度本身的原因，主要包括海上保险合同的射幸性、承保风险确定和控制的复杂性以及责任制约机制所存在的局限性三个方面。

一、保险合同天然的射幸性

海上责任保险之责任制度所依存的海上保险合同是为一种特殊的保险合同，其具有保险合同所共有的射幸性属性，即合同在缔约时存在法律效果的不确定性。保险合同的射幸性往往受到事件是否发生及发生的时间、地点等多重因素的影响，海上责任保险制度运行困境也往往由此产生。海上责任保

---

① Andriija Vujicic, "Insurance Industry in Function of Sustainable Development", *Insurance Law Review*, 2011, 4, p.37.

险作为海上保险制度新发展的产物，其责任制度本质上依存于海上保险合同的射幸性属性。因而，海上责任保险制度的运行也无疑会受到其合同射幸性的影响和制约。海上责任保险合同的射幸性主要表现在海上责任事故之不可预测性对保险合同射幸性的加剧和海上保险责任范围之不确定性对保险合同射幸性的增强，从而进一步引发海上责任保险制度运行的困境与难题。

第一，事故的不可预测性加剧了合同射幸性。海上责任保险制度是基于海上航运的巨大航行风险和赔偿责任而兴起的一种新兴海上保险制度类型。在海上航运过程中，海上责任事故引发的财产损害和社会影响往往不可预测，尤其是在危险物品运输中，此类事故可能导致海上污染，其造成的损害和影响更是难以估计。海上责任事故在损害程度和影响范围上的不可预测性从某种程度加剧了保险合同的射幸性，更带来了海上责任保险的运行困境。在射幸合同中，合同一方或双方的法律责任存在不确定性。[①] 在海上责任保险合同中，鉴于海上责任事故影响的不可预测性，事故责任人所需承担的责任也往往具有不确定性，因而，海上责任事故的损失也由于其事故责任的不确定性而难以评估，进而造成海上责任保险理赔工作的难以开展。由此看来，在海上航运过程中，事故影响的不可预测性造成海上保险合同射幸性的加剧无疑是引发海上责任保险制度运行困境和难题的一大重要原因。因此可以说，海上责任保险合同的射幸性是海上责任保险制度困境产生的内因之一。

第二，责任范围的不确定性增强了合同射幸性。海上保险责任是基于海上保险事故的发生而产生，但由于责任保险的承保范围具有事先难以确定的属性，海上保险责任的范围也具有不确定性，这在一定程度上加剧了保险合同的射幸性，致使海上责任保险制度的运行困境更难克服。在海上航运过程中，风险的多样性和事故的多发性都会造成海上保险责任的范围不断扩大，甚至出现海上保险责任范围难以确定的局面。因而，在保险合同射幸性的前提下，有必要对海上责任保险制度的责任范围加以限定，从而尽量排除其不确定性。保险合同的射幸性正是保险合同免责条款的正当性根源。[②] 然而，

---

① Patrick Rares Lazar, "The Aleatory Contracts under New Civil Code Provisions", *Contemporary Readings in Law and Social Justice*, 2014, 6, p.295.

② 参见肖和保、杨佳媚《论保险合同之射幸性——兼评保险合同免责条款的正当性》，载《财经理论与实践》2008年第1期，第89页。

在海上保险合同中规定免责条款并不能从根本上消除其射幸性所引发的海上责任保险制度之运行困境。因为海上责任保险制度运行困境的出现，本质上是由保险合同的射幸性造成的，保险合同的免责条款虽然是应对射幸性弊端的有效手段，但是免责条款仅是对海上保险责任范围的限定，往往难以面面俱到，并不能使保险合同的射幸性属性消失。因此，可以说，海上责任范围的不确定性增强了保险合同射幸性，这一问题无疑也是海上责任保险制度困境产生的内因之一。

综上所述，在海上航运过程中，海上责任事故之不可预测性加剧了保险合同射幸性，海上保险责任范围的不确定性也增强了保险合同射幸性。因此，保险合同射幸性的加剧和增强致使海上责任保险制度的运行困境进一步加剧和增强。保险合同射幸性是海上责任保险制度运行困境产生的内因之一。

二、风险控制的复杂性

海上责任保险制度是责任保险制度的一种重要类型，其具有责任制度在评估和控制承保风险时的复杂性特征。责任制度下承保风险确定的复杂性是风险的事前明晰困境，而承保风险控制的复杂性则是风险的事后管控难题。责任制度在确定承保风险时的复杂性主要体现在海上风险的不可预测性和责任机制的不确定性两个方面；而责任制度在控制承保风险时的唯一性则主要体现在海上风险的不可避免性和责任机制的不完善性两个方面。

（一）责任制度在确定承保风险时的复杂性

责任制度在确定承保风险时的复杂性是海上责任保险合同成立前风险的事前明晰困境，这一困境的产生主要是由海上风险的不可预测性和责任机制的不确定性所致。

1. 海上风险的不可预测性

在海上航运过程中，海上风险包括台风、海啸、碰撞、搁浅、战争、罢工、海盗等诸多情形，归纳起来可以划分为自然灾害、意外事故和人为因素三个方面的风险。然而，无论是台风、海啸等自然灾害，碰撞、搁浅等意外事故，还是战争、罢工、海盗等人为因素，在海上航运过程中，对于船舶所有人或者航运经营者以及货物托运人和旅客来说，都是不可预测的小概率事件。在海上责任保险合同的订立过程中，海上风险的不可预测性的存在，往往带来海上责任保险合同在确定承保风险时的复杂性。在海上航运过程中，自然灾害、意外事故以及人为因素都可能造成海上责任事故，而海上责任事故所造成的损害范围和程度又根据事故发生的影响来决定，因而在海上航运中，海上风险的不可预测性造成了海上责任保险制度在确定承保风险时的复杂性，进而造成了海上责任保险制度运行困境的产生。

2. **责任机制的不确定性**

海上责任保险制度是责任保险机制的一种特殊类型，具有责任机制所共有的不确定性特征。责任保险是以民事责任为标的的保险，侵权责任是责任保险发展的前提，同时责任保险对侵权责任的一部分也会产生反作用，包括推动作用与阻碍作用。[①] 责任保险中责任的范围和程度由侵权责任的大小和类型所决定，即只有对民事侵权责任作出了法律上的认定，才能确定责任保险的理赔范围和额度。因而，就责任保险制度的责任机制而言，其依赖于保险事故发生后民事侵权的判定，而无法在保险合同订立之时予以确定，故责任保险制度中责任机制存在严重的不确定性。或者说，也正是责任机制的不确定性导致了责任保险制度在确定承保风险时的复杂性特征。而在海上航运过程中，责任机制的不确定性加上海上风险的不可预测性，使海上责任保险制度在确定承保风险时的复杂性特征表现得更为突出，严重制约着海上责任保险制度的高效运转。因此，可以说，责任机制的不确定性是海上责任保险制度在确定承保风险时复杂性的重要体现，是造成海上责任保险制度运行困境的重要原因。

总而言之，由海上风险的不可预测性和责任机制的不确定性所引发的海上责任保险制度在确定承保风险时的复杂性，无疑是造成海上责任保险制度运行困境的一个重要因素。

（二）责任制度在控制承保风险时的复杂性

责任制度在控制承保风险时的复杂性是海上责任保险合同成立后风险的事后管控难题，这一难题的出现主要是由海上风险的不可避免性和责任机制

[①] 参见陈飞《责任保险与侵权法立法》，载《法学论坛》2009 年第 1 期，第 24 页。

的不完善性所致。

1. 海上风险的不可避免性

在海上航运中,虽然航海技术的发展在某种程度上降低了海上责任事故发生的概率,但是,仍然无法改变海上风险不可避免的特征。此外,强制责任保险的出现,提高了运营成本和从事高风险运输业的准入条件,迫使部分没有经济实力的公司或老龄船退出航运市场,客观上减少了事故发生的概率。[1]但是,海上风险仍不能被规避,海上责任事故仍然时有发生。由此看来,即使在当今航海技术和承保技术飞速发展的环境下,海上航运中的风险仍然不可从根本上避免。纵然航海技术和承保技术在未来还会进一步完善,但是海上环境变化莫测,风险无处不在,航海技术和承保技术并不能规避所有风险。因而,可以说,在任何时候海上风险的不可避免性特征都不会有所改变。因此,在海上责任保险制度控制承保风险的过程中,海上风险的不可避免性必然导致承保风险的难以控制性,而且加之海上事故发生之损害范围和程度的不确定性,必将引起海上责任保险制度在控制承保风险时的复杂性,引发海上责任保险制度的运行困境。

2. 责任机制的不完善性

在海上责任保险制度运行过程中,责任机制的不完善往往给了机会主义者可乘之机,致使海上责任保险制度中的道德风险不断升级。在海上航运中,一旦发生责任事故,其损失一般是巨大的,在制度设计过程中责任机制的不完善往往会带来保险理赔范围的不明确,进而导致海上责任保险制度在控制承保风险时的复杂性问题。海上保险制度拥有悠久的历史。几百年来,利用海上事故骗取保险金的情况屡有发生。[2]当今,海上航运日益繁荣,海运的运量和运速都不断提升,海上责任事故发生所造成的损害的范围和程度也不断增大,因而责任机制不完善往往会带来故意扩大海上责任事故损害程度和范围,甚至故意制造海上责任事故以获取巨额赔偿的状况。因此,可以说,海上责任保险制度之责任机制的不完善,是海上责任保险制度在控制承保风险时的复杂性的来源之一,也是引发海上责任保险制度运行困境的原

---

[1] 参见初北平《海上强制责任保险研究》,载《中国海商法年刊》2005年第15卷,第76页。

[2] David M. Collins,"Marine Insurance Fraud: Sinking Ships in a Falling Market",*Malabu: Maritime Law Bulletin*,2011,2(2),pp.11-15.

因之一。

综上所述，由海上风险的不可避免性和责任机制的不完善引发的海上责任保险制度在控制承保风险时的复杂性，无疑是造成海上责任保险制度运行困境的一个重要因素。

三、自愿责任保险内容的局限性

海上责任保险制度是责任保险制度的重要组成部分，责任保险制度所具有的局限性在其中也有重要体现，这是海上责任保险制度运行困境产生的原因之一。在海上责任保险制度中，其局限性主要体现在侵权责任的扩张和道德风险的加剧两个方面。侵权责任的扩张体现为侵权责任范围的扩大和侵权责任制度危机的产生，而道德风险的加剧则体现为道德风险的存在范围广泛和产生原因多样。

（一）侵权责任的扩张

责任保险与侵权行为法的发展相互推动。侵权责任的加重，促进了责任保险的发展，而责任保险制度的建立也为侵权责任确立严格责任原则提供了更为有利的条件。[①] 侵权责任制度与责任保险制度两者的发展是相辅相成的，新的社会风险的产生不仅会推进侵权责任制度的修订与完善，也会促进责任保险制度的发展与进步。当今，海上航运空前繁荣，海上侵权责任出现了责任范围扩大和制度运行危机的状况，与此同时，海上责任保险制度也将面临新的问题和挑战。

1. 侵权责任范围的扩大

伴随着海上运力的增加，海上航运业获得巨大发展，海上货物运输的运量不断增大、运速不断加快，海上旅客运输的安全性和舒适度也不断提高。然而，在人们生产生活对海上航运的依赖性不断增强的情形下，一旦发生海上责任事故，侵权责任则不仅涉及事故造成的船舶损害和货物损失，还包括事故发生带来的对海上生态环境和沿岸居民生产生活的损害。海上侵权责任的范围由原来涉及船舶所有人或航运经营者、托运人或旅客私人财产利益的

[①] 参见王泽鉴《侵权行为》，北京大学出版社2009年版，第9页。

碰撞责任等损害赔偿责任，扩展到涉及海洋生态环境保护和沿岸居民生产生活保障的海上环境污染责任等社会公益损害赔偿责任。因此，可以说海上责任事故的侵权责任出现了由私益责任向公益责任扩张的趋势。海上责任保险制度作为转嫁、分散侵权赔偿责任的重要机制，其保险产品的设计中也出现了以社会责任为导向的趋势。这一新的价值导向不仅是海上责任保险制度对海上侵权责任扩大问题的有效应对，更是海上责任保险制度迎合社会需求、实现持续性发展的积极举措。[①]

2. 侵权责任制度的危机

侵权行为法的危机，事实上就是责任保险的危机。[②]在海上航运过程中，海上责任事故损害程度增大必然引发侵权责任制度的适用危机，具体表现为责任性质转变、无过错或过错标准选择困难、赔偿责任增大等问题。这些问题都会增加现行侵权责任制度解决海上责任事故所引发侵权之债的难度。而且，海上责任事故中社会责任的衍生也进一步促进了具有私法属性的侵权责任制度运行危机的产生，与此同时，也给海上责任保险制度的发展与完善提出了更高的要求。海上责任事故的发生，其损害包括对受害人的私害，也包括对社会公共利益造成的公害。尤其是对于涉及公害案件的侵权责任的认定，传统的侵权责任标准的适用往往无法达到维护社会公共利益的效果，因而法律会采取更加严格的侵权责任认定标准。例如，环境污染责任就适用严格的因果关系推定规则，即依据《中华人民共和国民法典》第1230条的规定，"因污染环境、破坏生态发生纠纷，行为人应当就法律规定的不承担责任或者减轻责任的情形及其行为与损害之间不存在因果关系承担举证责任"。由此看来，在海上责任事故损害程度增大的情况下，为保护受害人的合法权利和受损的社会公共利益，侵权法的适用出现了危机。为此，立法者作出反应，对于公害案件应采用严格的责任认定标准，而严格责任认定标准带来的巨大赔偿数额也给海上责任保险制度带来了更大的挑战。

总而言之，无论是海上责任事故侵权责任范围的扩大，还是侵权责任制

---

① 参见黎江毅《保险产品创新的社会责任导向》，载《中国保险》2008年第2期，第113页。

② 参见王泽鉴《侵权行为》，北京大学出版社2009年版，第9页。

度面临的危机，从某种程度上说，都构成海上责任保险制度面临的问题与挑战，这也是海上责任保险制度运行困境产生的原因之一。

（二）道德风险的加剧

基于责任保险的特殊制度设计，以及当前责任保险制度在运行和管理方面的不完善，保险当事人故意制造保险事故而骗取保险赔偿的道德风险获得了广阔的滋生土壤。随着海上航运风险的加剧，在海上责任保险制度中，道德风险也呈现出增加的趋势，主要表现为道德风险存在范围广泛和产生原因多样两个方面。

1. 道德风险的存在范围广泛

责任保险制度中的道德风险比人身保险和财产保险更为复杂，因为它不仅包括被保险人的道德风险，还包括受害人及其法定代理人的道德风险。[①] 海上责任保险作为责任保险制度的一种重要类型，其道德风险也是不可避免的。随着海上航运运量增大和运速加快，海上航运业得以蓬勃发展，海上航运风险发生的可能性也不断增加。因而，一些骗取保险金的投机者也获得了可乘之机，即为了获得巨额的保险赔偿，人为地故意制造海上责任事故。在海上责任保险制度框架下，保险事故的受益人不仅包括船舶所有人或航运经营者，还包括货物托运人、旅客或者其法定代理人。保险关系中当事人或者利害关系人数量众多也造成道德风险存在范围广泛。具言之，在保险关系的众多当事人或者利害关系人之中，任意一方和其中几方相互串通，蓄意制造保险事故，从而非法获得保险赔偿。因此，可以说海上责任保险制度道德风险的存在范围广泛是海上责任保险制度运行困境产生的原因之一。

2. 道德风险的产生原因多样

海上责任保险制度是转嫁海上航运风险并填补海上事故损害的有效机制，其道德风险的产生原因也是复杂多样的，归纳起来主要包括以下三个方面：一是保险市场中存在的信息不对称，即在海上航运过程中，投保人（即船舶所有人或航运经营者）和保险人（即保险产品提供者或保险公司）对海

[①] 参见张瑞纲、许谨良《责任保险的道德风险研究——基于博弈论视角》，载《保险职业学院学报》2013年第3期，第178页。

上责任事故发生的具体情况了解程度不同,投保人往往知晓事故发生的详细状况,而保险人则往往需要进行事故的事后调查方能一定程度明晰事故状况;二是保险公司经营方式和管理制度存在问题,主要体现在目前一些保险公司粗放型经营、保险公司内部管理不规范以及保险公司内有些工作人员觉悟不高且责任心不强,保险公司自身经营管理的问题和弊端无疑是助长道德风险滋生的重要因素,尤其是在损害赔偿数额巨大和社会影响严重的海上责任保险机制中,因保险公司自身经营管理不足而引发道德风险更是得不偿失;三是现行法律不完善及不良的社会风气,现行法律制度体系中既缺乏化解责任保险制度道德风险的专门规则,也缺少充足的专业司法工作人员,再加之社会上的一些不良风气更助长了保险诈保骗赔案件的发生,致使保险机制中的道德风险难以得到法律的有效规制。[①] 由此看来,引发道德风险原因的复杂性和多样性无疑制约了海上责任保险制度的高效运行。因此,可以说道德风险的产生原因多样是海上责任保险制度运行困境产生的原因之一。

综上所述,在海上责任保险制度中,道德风险不仅存在范围广泛,而且产生原因多样。而复杂的道德风险则严重制约着海上责任保险制度的正常运转,这是责任保险制度所固有的局限性在海上责任保险中的重要体现。因此,可以说侵权责任的扩张与道德风险的加剧等责任保险制度所具有的局限性是海上责任保险制度运行困境产生的内因之一。

第三节 困境的外因——责任保险面临的挑战

海上责任保险制度产生困境的外因是指造成海上责任保险制度运行困境的外部影响因素,主要包括航海技术和承保技术的变化、海上风险形式的改变以及海上保险制度价值的转变三个方面。

---

① 参见何国华、肖兰华:《保险中的道德风险及其防范》,载《武汉大学学报(哲学社会科学版)》2007年第2期,第55页。

一、航海技术和承保技术的变化

伴随着科学技术的飞速发展和社会制度的不断进步，航海技术和承保技术发生巨大变化，这无疑是海上责任保险制度困境出现的外因之一。航海技术的变迁主要表现在海上航行水平的提高和船舶制造能力的进步两个方面，而承保技术的发展则主要表现在责任保险类型多元化、保险合同形式多样化和保险服务方式多维化三个方面。

（一）航海技术的变迁

航海技术的变迁，是指在日新月异的科技创新的推动下，人们对海上航行情形的认识越来越深入，海上运输能力也不断增强。在航行水平方面，新兴的电子信息技术和全球定位系统（Global Positioning System，GPS）定位技术的发展为船舶的安全航行提供了充分的技术支撑，完善的规章制度和船员培训体系也为海上责任事故的规避提供了支持；在船舶制造方面，海上货运船舶的运量不断增大、运速不断提高，海上客运船舶的设施也日益完备。

1. 海上航行水平的提高

船舶海上航行水平的提高是航海技术变迁的重要表现，其具体内容主要体现在两个方面：一是新兴技术的有力保障，二是船员素质的不断增强。在新兴技术方面，随着电子信息技术和GPS定位系统的飞速发展，海上航行中环境风险预测和突发情况预警的能力不断增强，例如，记录船舶航行过程的"黑匣子"，即航行数据记录仪（Voyage Data Recorder，VDR）的出现，为海上事故的发生与预防提供了有效的信息支持；[①]GPS卫星定位系统和船舶雷达系统的完善也为海上航行线路的选择，避免海上碰撞、搁浅事故提供了高效的技术保证。在船员素质方面，专业化水准不断提高，诸如船员的驾驶水准、新兴技术的应用水平以及突发情况的应对能力等。此外，相关规章制度也日益完善，为规范船员驾驶和确保海上航运安全提供了制度保障。海上航行水平的提高是航海技术变迁的一大表现，也是海上责任事故形式改变的一大原因。海上责任事故形式的改变，在某种程度上也是海上责任保险制

---

① Thomas D. Forbes, "Marine Casualty Investigations", *Tulane Law Review*, 2011, 85, p.1363.

度困境产生的缘由。海上责任事故形式的变化必然会引发原有保险规则的滞后,即海上责任保险制度与出现的责任事故不相适应,无法为责任人提供充分的保障,进而导致海上责任保险制度困境的出现。

2. 船舶制造能力的进步

伴随着三次技术革命的产生,人类的船舶制造能力也不断增强。从技术革命的进程看,船舶制造业的发展也可以分为三个阶段,即第一次工业革命中,蒸汽机的发明推动蒸汽船的出现,传统的风力、水力等自然动力被逐步取代;第二次工业革命中,内燃机的应用进一步提升了船舶的航行动力;第三次科技革命中,信息技术和航天技术的发展,推动了船舶自动化水平的飞跃。然而,造船技术在发展的同时,也带来了更大的风险。例如,跨境航运中海上生态环境就备受关注。①自20世纪50年代以来,海上石油运输行业发展迅速,海上油污事件的发生常常对海洋生态环境造成严重污染和破坏,并由此造成巨大的经济损失。②船舶制造能力的进步一方面提高了船舶的运量与速度,充分彰显出航海技术的变迁;但另一方面,船舶制造能力增强意味着海上责任事故可能面临更大的风险,这也给海上责任保险制度带来了巨大的挑战。海上责任事故呈现损害结果更严重、损害影响更持久的特点,尤其是海上油污事故,其对附近海域生态环境造成的损害往往是灾难性的,因而海上责任保险制度的保障能力也必然受到巨大的挑战,进而致使海上责任保险制度的运行陷入困境。

总而言之,海上航行水平的提升和船舶制造能力的进步,体现了航海技术的变迁。在航海技术的变迁过程中,新兴海上航行风险不断涌现,海上责任事故类型日益多样,进而导致海上责任保险制度陷入运行困境。概言之,航海技术的变迁是引发海上责任保险制度困境的外部因素之一。

(二)承保技术的发展

承保技术的发展,是指随着经济的快速增长和社会的飞速进步,保险制度自身为适应历史进步与时代变革的发展与变化。海上责任保险制度承保技

---

① Bradley Kaekkainen, "Marine Ecosystem Management & A 'Post-Sovereign' Transboundary Governance", *San Diego International Law Journal*, 2004, 6, p.37.

② 参见张湘兰、李凤宁《海上责任保险法基础理论问题研究》,载《武大国际法评论》2006年第1期,第113页。

术的发展主要体现在责任保险类型多元化、保险合同形式多样化及保险服务方式多维化三个方面。

1. 责任保险类型多元化

在海上责任保险制度中，责任保险类型随着市场需求的变化而不断发展。就目前而言，主要有三种基本类型，即碰撞责任险、海上污染责任险和保赔保险。具言之，碰撞责任险是适用最多的一种海上责任保险，包括我国在内的各国保险人通常在船舶保险中将船舶作为一种附带条款加以承保；[①] 海上污染责任险是为应对大规模海上污染事故而衍生出的新兴海上责任保险类型，以转嫁海上污染事故的巨大风险和填补海上污染事故的巨大损害为根本出发点；保赔保险则是船东作为被保险人向保险人船东互助协会缴纳固定金额的保险费，用于保障不在责任保险范围内而船东在经营活动中必须承担的风险。各种不同类型的海上责任保险的出现是化解海上航运风险的有效举措，然而在实践中，基于大规模海上责任事故的巨大损害赔偿责任，不同类型的海上责任保险虽然一定程度上丰富了投保选择，但保险金额制约了其转嫁、分散风险的能力。因此，更多可选择的险种并不意味着更充分的保障。

2. 保险合同形式多样化

海上责任保险合同形式的多样化，主要表现为各种类型的保险合同的涌现。按照保险标的分类，存在传统保险公司提供的碰撞责任险、海上污染责任险等类型。海上责任保险合同类型的多样化，无疑给了投保人（即船舶所有人或航运经营者）更多的选择，便于其选择更符合自身需要的责任保险合同类型。然而，多样化的合同类型往往也造成责任保险形态的多样化。在海上责任事故发生后，责任保险合同形式的多样化无疑会增加理赔工作的难度，而且赋予投保人以充分的选择权，也往往容易造成一些重要利益没有被纳入责任保险的范畴，进而造成巨大的损失。

3. 保险服务方式多维化

海上责任保险服务方式的多维化，主要体现在保险经纪制度和保险代理制度的蓬勃发展。随着社会分工的细化，在保险行业中也出现了提供保险服务的保险代理人和保险经纪人。保险代理人与保险经纪人均属保险辅助人或

[①] 参见姚新超《船舶碰撞中的责任保险》，载《世界海运》2005年第5期，第87页。

保险中间人，二者的区别主要在于保险代理人是保险人的代理人，其主要职能是代理保险公司推销保险业务，拓展市场空间，扩大保险基金来源；① 而保险经纪人则是投保人的代理人，代理投保人处理保险投保相关的一系列事务。海上保险的保险经纪人制度长期应用于英国的海上保险法之中，保险经纪人作为保险人和投保人之间的中间人，在海上责任保险制度中发挥着重要作用。② 毋庸置疑，保险服务方式的多维化为保险人和投保人都带来了便利，但随着保险代理和保险经纪行业的发展，保险服务中代理人或经纪人未勤勉履行义务以及无权代理等法律纠纷也随之产生。尤其是在风险巨大的海上航运中，一旦在海上责任保险缔约过程中，保险服务的代理人或经纪人出现未勤勉履行义务或无权代理的行为，往往会致使事故责任人陷入破产境地，且受害人也无法获得应有的补偿。

综上所述，责任保险类型多元化、保险合同形式多样化及保险服务方式多维化是海上责任保险制度承保技术的重要发展成果，但承保技术发展导致的海上责任保险制度的功能无法充分发挥的弊端也进一步凸显。概言之，承保技术的发展是海上责任保险制度困境出现的外因之一。

二、海上风险形式的改变

伴随着人类社会的发展与进步，海上风险的表现形式发生了巨大的改变，即海上航运中的固有风险不断消减的同时，新生风险不断涌现。进言之，海上风险形式的巨变也给海上责任保险制度的良好运行带来了巨大的挑战，即原有海上责任保险制度的保险类型滞后和赔偿金额不足的状况无法适应海上风险形式的改变，因而导致海上责任保险制度运行困境的产生与加剧。

（一）海上风险形式改变的具体体现

在海上责任保险制度的发展进程中，海上风险的形式也在不断地发生

---

① 参见肖海军《论保险代理行为的法律效力与责任归属》，载《财经理论与实践》2005年第2期，第77页。

② Jinlei Zhang, "The Role of Insurance Brokers at the Formation Stage of Marine Insurance Contracts in China", *Tulane Maritime Law Journal*, 2014, p.707.

改变，从最初的船舶碰撞、货物减损、人身损害等海上航运的固有风险转变为海上生态恶化、环境污染等新生风险。随着经济社会的发展和科学技术的进步，海上航运对固有风险的抵御能力不断增强，由自然灾害和驾驶失误等原因造成海上责任事故的概率不断降低；与此同时，损害程度更大及范围更广的新生海上航运风险却不断涌现，不仅危害私人权利，更危及社会公益。

1. 固有风险的消减

海上航运固有风险的消减是海上风险形式改变的具体表现之一。在海上航运过程中，自然灾害、意外事故及人为原因所引发的船舶碰撞、货物减损及人身损害是不可避免的固有风险。在海上航运发展之初，人们不仅应对海啸、地震等自然灾害的能力较弱，而且缺失应对海盗、罢工等意外事故的机制，加之时常发生的船舶驾驶失误，致使船舶碰撞、货物损毁、旅客受伤等海上事故常常发生，此即海上航运的固有风险。在航海技术高度发达的今天，海上航运过程中发生船舶碰撞、货物减损和人身损害的风险不断降低。但是，海上航运中这些固有风险发生的可能性降低并不意味着它们不会发生，只是相比海上航运起步之时，这些风险发生的概率逐渐减小，甚至趋近于"零"。由此可见，船舶碰撞、货物毁损、旅客受伤等海上航运的固有风险，已不再是海上风险的主要形式。因此，转嫁和分散海上风险的海上保险制度也应该作出相应调整，即减少对海上航运固有风险的保障力度，转变海上保险制度设计的重心。

2. 新生风险的涌现

海上航运新生风险的涌现，是海上风险形式改变的另一大具体表现。自从海上商业航运成为现实以来，已经过了很长时间，目前我们已经意识到海上商业航运在促进经济繁荣的同时，也产生了诸如噪声、海洋污染等负面效应。随着海上航运的运量和运速的不断提升，海上航运所运载的货物重量不断增加，种类也不断增多，甚至包括很多危险物质，加之国际贸易繁荣背景下海上航运日益频繁，海上噪声及环境污染已成为海上航运中的新生风险，其危害性远大于自然灾害、意外事故及人为原因所引发的船舶碰撞、货物减损及人身损害等固有风险。例如，海上运油船泄漏事故所造成的海上油污对海洋生态环境及沿岸渔民、居民的损害都是空前巨大的，甚至危及人类社会公共利益。海洋是一种全球性资源，保护其生态环境和物种多样性对人类十分重要。① 因此，在当今海上航运新生风险不断涌现的情形下，应该完善海上保险机制，对新生海上航运风险予以转嫁和分散，使海上航运中所存在的海上噪声及环境污染等新生风险能得到有效调整和控制，确保海上航运业健康有序发展。

综上所述，当前海上航运中船舶碰撞、货物毁损与旅客伤残等固有风险不断消减，而海上噪声、环境污染与生态破坏等新生风险不断涌现，这一趋势充分彰显出海上风险形式的发展与演变，同时也昭示出海上保险制度亟需作出相应调整与变革的紧迫性。

（二）传统海上责任保险制度的巨大挑战

在海上风险形式不断演变与发展的情况下，海上责任保险制度的适用也面临着巨大的挑战。风险形式的变更必然导致现行海上责任保险制度与海上航运中新情况、新问题的不相适应，也必将暴露出海上责任保险制度运行中的困境与问题。具体来说，海上风险形式变更给现行海上责任保险制度带来的挑战主要表现为现行海上责任保险制度中保险类型的滞后性。

在海上固有风险消减和新生风险涌现的海上风险形式变革背景下，海上保险制度设计中海上保险类型滞后的问题也日益凸显。在当前海洋生态破坏和环境污染日益严重的情况下，海上保险制度中衍生出海上污染责任险、保赔保险等新的保险类型，以转嫁和分散海上航运中的新生风险。然而，新的保险类型中存在较多不完善之处，例如仍沿用船舶碰撞、货物毁损等海上航运固有风险的调控规则，来规制损害程度大、范围广的新生风险，这正是海上保险制度设计滞后性的一大表现。有鉴于此，为充分化解海上航运的新生风险，有必要推进海上保险制度的立法改革。海上保险制度的立法变革无疑是解决海上保险类型滞后问题的有效举措，进而确保海上保险类型与海上风险形式演变相适应，确保海上航运风险得到充分的转嫁和分散，并确保海上保险制度充分发挥其功能。

总而言之，海上风险由固有的船舶碰撞、货物毁损等风险形式向新生的生态破坏、环境污染等风险形式的改变给海上责任保险制度的运行带来了巨

---

① Robin K. Craig, "Protecting International Marine Biodiversity: International Treaties and National System of Marine Protected", *Journal of Land Use & Environmental Law*, 2005, 20, p.333.

大的挑战，保险类型的滞后体现出海上责任保险制度调整与完善的需要。从另一方面来说，海上风险形式改变引发的保险类型滞后的难题，无疑是海上责任保险运行陷入困境的重要缘由。

三、海上保险制度价值的转变

海上保险制度的法律价值可以划分为转嫁航运风险与填补事故损害的利益价值和确保社会稳定与推动经济发展的正义价值，以上两种法律价值共存于海上保险制度之中。海上保险制度价值的转变，并不意味着海上保险制度的利益价值与正义价值相互取代，而是指在制度设计过程中对某一种法律价值的侧重与倾斜，且另一种价值并不会因此消亡。

（一）海上保险法制度价值的分类

古今中外的思想家、法学家提出过法所带来的各种各样的价值，归纳起来，主要是正义和利益两大类价值。[①] 从海上保险制度来看，其制度设计从传统的公平价值向公平、效率、秩序、安全等多元化价值目标构成的价值体系发展。[②]

1. 公平价值

面对海上航运的巨大风险和海上事故的巨大损害，海上保险制度设计的出发点就在于转嫁海上航运风险和填补海上事故损失，从而推进船舶所有人及航运经营者积极从事海上航运业务，确保海上事故所造成的损失能获得合理的补偿，营造良好的海上航运市场秩序，从而实现海上保险制度的公平价值。在海上保险制度中，存在各种各样的海上保险类型。例如，在海上货物运输中常见水渍险、平安险和一切险三种类型；又如，海上责任保险中包括碰撞责任险、海上污染责任险等不同险种。投保人在选择不同保险类型及种类时，实际上也是在结合自身航海风险和经济实力，对各种不同类型或种类的海上保险在风险转嫁和损害补偿机制上进行利益衡量，从而做出关于投保

---

① 参见沈宗灵主编、张文显副主编《法理学》（第二版），高等教育出版社2009年版，第53页。

② 参见胡正良、孙思琪《海商法基础理论的内涵、研究现状与研究意义》，载《中国海商法研究》2017年第1期。

险种的合理选择，最大限度地实现制度的公平价值。此外，在海上保险的理赔过程中，通过对海上事故的评判和损害范围、程度的认定，并结合船舶所有人或航运经营者所投保险种的承保范围来确定理赔数额，其实质上也是海上责任保险公平价值的重要彰显。因而，在海上保险制度中，其转嫁海上航运风险和补偿海上事故损害的功能集中体现出立法上的公平价值。

2. 多元价值

随着社会经济的不断发展，单一的公平价值已经无法满足海上责任保险制度的发展需要，并在长期的发展演变中逐步形成了公平、效率、秩序、安全等多元化价值目标构成的价值体系。具体来说，在海上航运风险和海上事故损害与日俱增的当今社会，海上保险制度的价值不仅在于实现风险转嫁和损害补偿，更在于发挥其在社会稳定和经济发展上的重要作用。海上保险制度在制度设计过程中，不能仅仅关注制度的公平价值。尤其是在海上事故造成巨大经济损害和社会影响的情况下，人类公共利益往往会受到损害，因而海上保险制度在实现其风险转嫁和损害弥补功能的同时，还需要兼顾公平、效率、秩序、安全等多元化价值目标，使海上责任保险制度能最大限度地发挥其积极的社会效果。实现海上保险制度的公平价值目标，在于转嫁海上航运风险并填补海上事故损害，使被保险人的利益获得有效保障；为实现海上保险制度的多元价值目标，则需要考量制度运行的诸多影响因素，从制度的经济性和稳定性等多个角度确保海上保险的积极社会效益能得到充分发挥。因而，在海上保险制度的运行过程中，不能仅仅考虑公平价值，还应立足公平、效率、秩序、安全等多元化价值目标，构建符合时代需要的海上责任保险制度。

（二）海上保险制度价值转变的因果

伴随着海上责任事故损害程度增大和范围的扩大、海上责任保险制度社会管理功能的凸显，海上保险制度的立法价值也由立足风险转嫁和损害补偿功能的公平价值转向公平、效率、秩序、安全等多元价值目标构成的价值体系。

1. 海上保险制度价值转变的原因

海上保险制度价值的转变是经济的发展与社会的进步带来的，海上保险立法在关注利益价值的同时，也更加注重正义价值的彰显。社会经济的持续发展往往会引发社会矛盾的变化，致使法律制度逐渐显现滞后性，进而凸显出制度变革的强烈需求。海上保险制度价值的转变也正是由人们对海上航运风险演变的认识引发的对原有制度的调整。在经济全球化的当今社会，蓬勃发展的国际贸易对海上航运的依赖性越来越高，而且在高新技术的支持下，海上航运的运速不断提高、运量不断增加。与此同时，海上事故发生的概率也随之增加，且海上事故所造成的损害也越来越大，往往会涉及海洋生态环境保护、沿岸民众生存权益保障等社会问题。因而，海上保险制度的立法价值也就不能仅仅停留在保障被保险人权益的公平价值上，而应转变为公平、效率、秩序、安全等多元化价值目标构成的价值体系。海上保险制度立法价值的转变是时代发展的必然。经济的发展、社会的进步在某种程度上使海上航运可能面临更大的风险，推动了海上保险制度由公平价值为主的立法导向向公平、效率、秩序、安全等多元化价值目标构成的价值体系的转变。

2. 海上保险制度价值转变的结果

海上保险的制度价值由以保障被保险人利益为出发点的公平价值向公平、效率、秩序、安全等多元化价值目标构成的价值体系的转变，是海上保险制度与时俱进的重要表现。法律价值的实现要经历一个由潜在价值向现实价值转变的连续运动过程。[①] 海上保险制度也是一样，其制度价值的实现需要通过海上责任保险等一系列制度规范的创制和实施来完成，并且要在制度实施过程中寻找制度的缺陷与不足，从而对制度进行进一步完善，使海上保险制度更加符合海上航运产业的发展和社会经济发展的需求。海上保险制度价值的转变是应对海上航运风险急剧增大情形的重要举措。在当今油污事故等重大海上事故频发的背景下，强调海上保险法的正义价值无疑是实现海上保险制度风险转嫁和损害补偿的重要手段，也更是实现海上保险制度社会管理功能的有效途径。海上保险制度的价值转变也必然带来制度设计和制度运行上的变化，这在险种设置、承保范围、投保方式等方面都会有所体现。要在充分保障被保险人私人利益的同时更加注重社会公共利益，即在制度设计和制度运行过程中逐步实现法律价值的转变。由此看来，海上保险制度的价值转变有利于充分发挥其制度功能，在保障私人利益和维护社会公共利益上实现协调统一，有效化解近年来海上航运风险增加引发的危机，确保海上航

---

① 参见仓明《法律价值的动态运动及功能》，载《前沿》2003 年第 1 期，第 90 页。

运业的有序发展，推动社会经济持续发展。

  总而言之，海上保险制度的价值转变是社会经济发展的重要体现，由立足公平价值向公平、效率、秩序、安全等多元化价值目标构成的价值体系的转变，是海上航运产业发展的必然要求，也是确保海上航运有序发展和实现经济社会持续增长的必要举措。

第四章
海上责任保险制度改革的趋势

　　海上责任保险制度在现代社会面临着巨大的困境，这种困境也促使着海上责任保险制度进行改革。但是，由于国际法的特殊性，海上责任保险制度的改革并非一国内部所能够解决的问题。并且，由于各国海上贸易发展程度与模式存在差异，真正适合各国自身改革的具体路径也不相同，由此也引发了关于海上责任保险制度立法改革的争论。

第一节　海上责任保险制度改革的必要性

海上责任保险制度发展的动力可以理解为海上责任保险的目的、功能、价值取向。之所以探究海上责任保险制度发展的目的，是因为其为海上责任保险的根本所在。[①] 耶林曾说过，目的是法律的创造者。[②] 各国的海事法律和国际公约设定海上责任保险制度的根本目的在于鼓励、扶持航海事业，促进海上经济的发展。在公平与效益面前，传统的海事法律重效益，轻视公平。[③] 最为典型的表现是船舶侵权承担有限责任。[④] 当重大海运事故发生时，责任人在一定范围内承担赔偿责任，这主要是从保护船东的利益出发。海运风险巨大，因为过失承担无限的赔偿责任对船东来说不公平，同时也会限制其从事海上贸易的积极性，可以说此项制度对海上运输的发展起到了一定的积极作用。但同时不能忽视的是对受害人的利益保护，不能以牺牲受害人的利益换取海上经济的发展，这种追求效益的方式会带来严重的社会问题。随着社会的进步，人们开始意识到该项制度的不合理。海上责任保险制度在平衡船东和受害人的利益方面，开始趋向公平与效益并重。

一、现行责任保险制度效率的低下

责任保险，对于加害人而言，可以使其有效地利用个人资源，无后顾之忧地积极创造价值；对于受害人而言，可以使其获得救济与赔偿的机会增加，不仅可以获得受害人的财产赔偿，还享有责任保险的保障；对于整个社

[①] 参见张丽娜《海上侵权法律制度研究》，吉林大学出版社 2009 年版，第 131 页。
[②] 参见［美］罗斯科·庞德《法理学》（第一卷），邓正来译，中国政法大学出版社 2004 年版，第 130 页；［美］博登海默《法理学——法律哲学与法律方法》，邓正来译，中国政法大学出版社 1999 年版，第 109 页；张丽娜《海上侵权法律制度研究》，吉林大学出版社 2009 年版，第 129 页。
[③] Steven J. Hazelwood, *P&I Clubs: The Law and Practice* (3rd edition), LLP, 2000.
[④] 参见邓瑞平《船舶侵权损害赔偿的困境与出路》，载《现代法学》1998 年第 5 期，第 86 页。

会而言，因加害人可以更积极地从事贸易、创造财富，社会资源能够得到高效利用，社会总财富也会迅速增加。保险业承保的风险从有形的财产保险发展到无形的责任保险，无论是对于社会还是个人而言都能够实现效率的提升。

随着社会的进步，人们对公平的理解不断变化，并非享有同等的社会资源分配才称得上公平。因为每个人的能力不同、对社会的贡献不同，自然社会的分配就应有所不同。如果所有人都分得同样的资源，但他们对社会的贡献却不同，才是实质上的不公平。同样，并非加害人获得相应的惩罚才算是对受害人公平。受害人的合法权益受损，即使加害人承担了赔偿责任，一般也很难恢复受害之前的状态。损害既已成为现实，社会更应关注的是最大限度地救济受害人，而非惩罚加害人。霍姆斯法官曾说过，国家可能有意地使自己成为中间性质的事故保险公司，使所有的社会成员分担其公民的不幸的负担。[①] 从个例来看，所有公民分担某个公民的责任，对绝大多数的公民而言有失公平；但实质上每个公民都有可能成为加害人，也有可能获得其他公民的共同帮助，因此每个公民的机会平等，同样是公平的体现。

传统侵权法注重对加害人的道德评价，法律虽是道德维护的最后一道防线，但不能过多地干预道德。现代侵权法越来越注重对受害人赔偿的可支付性。侵权理论的发展改变了人们对公平的理解，如今，保障受害人的权益相较于惩戒加害人更具价值。

二、现行海上责任保险制度下加害人和受害人权益保护的失衡

法究竟应当具有哪些价值？或者说，法的具体价值名目怎么样？不同的学者根据其对法价值含义的不同理解得出了不同的结论，但学者们对某些价值名目的观点则相对趋于一致，如自由、秩序、公平和效率等。以法的价值一般理论为基础，我国研究部门法的学者也开始十分重视部门法价值的研究，这对法律部门法制的完善是不无裨益的。关于民法、商法和国际经济法

---

① 参见［美］施瓦茨《美国法律史》，王军等译，中国政法大学出版社1989年版，第289页。

的价值研究，已经取得了一些良好的效果。① 在国内尚未对海商法的价值展开专门研究的背景下，已有相关著作对海商法的价值有所述及。本书无意在此对海商法的价值作全面系统的研究，也无须确定海商法的全部价值名目，只是认为良好的海商法应当追求效益和公平。海上保险法也是如此，它具有一般性的法的价值名目，但特别强调追求效益和价值。在海上保险法的发展过程中，由于受到社会客观环境的影响，不同时期理想的海上保险法所应具备的性质有所不同，因而其追求的价值也不同。总体而言，海上保险法的价值取向应当从注重效益转向注重公平。

强制责任保险、保赔保险与商业责任保险并存模式，最大程度地保障了加害人和受害人的权益，降低双方的受损程度，使受害人能够获得及时赔付，提升获得救济的效率。海上责任保险制度填补加害人因承担赔偿责任而遭受的损失，保障受害人获得最大限度的救济，是海上责任保险发展的目的与动力，一方面减少加害人因承担赔偿责任所遭受的财产损失，另一方面赔偿受害人因加害行为所遭受的损失。

三、现行海上责任保险制度与民事责任制度发展的失调

民事责任制度最初设立的目的是制裁违反民事义务的行为人，民事责任是行为人因侵犯他人合法权益必须承担的法律后果。伴随着保险业的迅猛发展，人们越来越重视保险的损害填补功能，民事责任制度的发展方向逐渐靠近受害人的救济，而非简单地惩罚、制裁行为人。注重受害人的救济必然会加重加害人承担责任的负担，如果没有责任保险制度，加害人承担过重的民事责任，小则影响其自身发展，大则影响社会进步。单一的普通民事责任一般不会影响社会大环境，但海上贸易常常涉及多个国家或地区，受害程度往往不是行为人靠一己之力可以弥补的。而且海上很多风险不可控，非故意或过失同样可能会侵害第三人的权益。如果在没有过错的情况下仍要承担赔偿责任，导致行为人倾其所有，这不仅有失公平，而且会严重挫伤人们从事海上贸易的积极

---

① 民法和商法有很多的价值取向，包括公平价值、效益价值、诚实信用价值等，但是民法的最高价值取向是公平，立法上采取了公平优先的原则，而商法的最高价值取向是效益，立法上采取的是效益优先的原则。参见赵万一《论民商法价值取向的异同及其对我国民商立法的影响》，载《法学论坛》2003年第6期，第12页。

性。如果责任保险制度健全,行为人在过重的民事责任面前,可以利用责任保险转移责任,其自身可以免受过重的民事赔偿的影响。责任保险分散赔偿责任风险的机能在一定程度上促使民事责任制度朝着更有利于受害人的方向发展。

四、现行责任保险制度下第三人直接请求权的滞后性

在我国现行的《海商法》中,并没有关于海上责任保险人的规定,所以在目前的实践中,根据一般法对特殊法的补充原则,第三人对海上责任保险人直接请求权的确认仍然要依靠《保险法》第65条。《保险法》第65条规定:"保险人对责任保险的被保险人给第三者造成的损害,可以依照法律的规定或者合同的约定,直接向该第三者赔偿保险金。责任保险的被保险人给第三者造成损害,被保险人对第三者应负的赔偿责任确定的,根据被保险人的请求,保险人应当直接向该第三者赔偿保险金。被保险人怠于请求的,第三者有权就其应获赔偿部分直接向保险人请求赔偿保险金。责任保险的被保险人给第三者造成损害,被保险人未向该第三者赔偿的,保险人不得向被保险人赔偿保险金。"[①]

虽然《保险法》第65条规定了第三人对责任保险人的保险金请求权,但从该条文的构成来看,第三人直接请求权是有条件的。第65条第2款前半部分规定了责任保险人向第三者直接赔偿的义务,后半部分则规定了第三者对责任保险人的保险金直接请求权,即只有在保险人未履行该项义务的前提下,第三者直接行使请求权作为救济手段,才能生效。此外,该生效要件还必须在"被保险人怠于请求"的条件下。从该条文的字面意思进行分析,受害第三者无法立即向责任保险人提出赔偿请求。

在近年来的案例中也不难发现,法院也采取了以上解释,认为第三者对责任保险人的直接请求权的基础之一是被保险人怠于向保险人提出赔偿请求。[②]在一则案例中,被告为肇事车辆的所有人,其向被告二责任保险人投保了第三者责任险。该车辆在作业中发生事故,造成原告所有的龙门吊严重

---

① 《中华人民共和国保险法》,第65条。
② 参见唐世银《第三人直接请求权的基础是被保险人怠于保险理赔》,见中国保险报·中保网(http://chsh.cbimc.cn/2016-03/01/content_186277.htm)。

受毁，损失金额约为人民币 26 万元。被保险人向责任保险人索赔。保险人依申请向被保险人支付理赔款 11.2 万元。被保险人就理赔差额向法院提起诉讼，要求责任保险人直接支付给原告（即第三人）该项差额。法院支持被保险人的诉求。但是原告认为，责任保险人在原告未得到赔偿的情况下支付了被保险人保险金，违反了《保险法》第 65 条规定，要求被保险人和保险人共同支付给原告 11.2 万元的赔偿款。法院认为，就该 11.2 万元赔偿款而言，被保险人并未向保险人提出直接赔偿给原告的申请，且被保险人已经就这项赔偿向法院提起诉讼，并没有怠于向保险人提出索赔。因此原告无权直接向责任保险人请求赔偿保险金。

关于最高人民法院《关于适用〈中华人民共和国保险法〉若干问题的解释（四）》，追溯其制订过程，最高人民法院曾发布《关于适用〈中华人民共和国保险法〉若干问题的解释（四）》（征求意见稿）（以下简称意见稿），该意见稿已明确体现了法律对于保护受害第三人的权利的倾向。其中有关于《保险法》第 65 条的相关修改。首先，意见稿第 19 条对《保险法》第 65 条第 2 款中的"被保险人怠于请求"作出解释，即当"被保险人对第三者应负的赔偿责任确定后，被保险人不履行赔偿责任，且第三者以保险人为被告或者以保险人与被保险人为共同被告提起诉讼时，被保险人尚未向保险人提出直接向第三者支付保险金请求"[①]。最终的司法解释也将意见得以落实。由此可见，第三人更清楚自己何时能够实现自己的请求权。第三人在受到被保险人的侵害时，首先需要明确被保险人对自己的责任是否成立，其次需要在被保险人尚未向保险人提出直接向第三人支付赔偿金请求的情况下，向法院提起诉讼。

在第三人向法院提起诉讼时，若被保险人已经取得了保险赔偿金，该事实不能够阻碍第三人向责任保险人行使直接请求权。因为该意见稿中的第 25 条规定："责任保险的保险人在被保险人向第三者赔偿之前向被保险人赔偿保险金，第三者依据保险法第六十五条第二款之规定行使保险金请求权时，保险人以其已向被保险人赔偿为由拒绝赔偿保险金的，不予支持。保险人赔偿第三者后，主张被保险人返还相应保险赔偿金的，应予支持。"[②] 该项规定

[①] 最高人民法院《关于适用〈中华人民共和国保险法〉若干问题的解释（四）》（征求意见稿）。

[②] 最高人民法院《关于适用〈中华人民共和国保险法〉若干问题的解释（四）》（征求意见稿）。

在保护第三人直接请求权的同时,也确认了责任保险人有直接向第三人支付赔偿金的义务,即《保险法》第65条第3款:"责任保险的被保险人给第三者造成损害,被保险人未向该第三者赔偿的,保险人不得向被保险人赔偿保险金。"[①] 只有当保险人为完成此项义务时,第三人才有直接向其请求保险赔偿金的义务,所以该意见稿并没有改变第三人直接请求权违约救济的地位。

若责任保险人为船东互保协会,第三人是无法直接对其行使直接请求权的。如前文所述,中国法内尚未对船东互保协会的法律地位做出明确的定位,也未将其纳入《保险法》及其他相关法律的管辖范围内。

因此,对于受害第三人,特别是海上责任保险下受害第三人而言,仅仅依靠《保险法》的规定来保护自己的权益是不够的。本书建议,在对《海商法》进行修订时,可补充相应规定,以明确第三人对海上责任保险人的直接请求权,并将船东互保协会纳入法律管辖范围。

第二节　海上责任保险制度改革的主要原则

从前文的分析中可知,海上责任保险制度亟待完善。然而,在完善的过程中需明确制度改革与完善的依据,并在此基础上提出具体的方案。否则,相关举措将成为零碎修补,难以实现制度的系统性革新。

一、国际协调原则

传统的海上责任保险领域主要涵盖货物、污染、旅客三大方面,其保险利益以责任为基础,保险对象主要是船舶在运营过程中对货物、旅客造成的损害以及船舶污染等方面所产生的责任。但是,在当今国际贸易活动中,以海上航行为基础的海上责任保险必须要结合现有的扩大化联运方式,才能满足责任保险配合现代运输行业发展的基本需要。除此之外,海上冒险行为的经济活动已经不仅仅局限于传统的货物、旅客的运送,比如在建中的船舶、

---

① 《中华人民共和国保险法》,第65条。

海洋资源的开发所涉及的各种财产经济利益责任都扩大了海上责任保险的适用范围。所以对于海上责任保险，国际现有公约均对不同的情况作出了相应的协定。各国的规定不尽相同，须根据国际公约或各国的规定进行协调。

二、并行保护原则

在国际经济贸易体系的交易当中，货物买卖在绝大部分的情况下无法以双方当事人当面交货并支付货款的方式来进行，尤其是在交易双方都并不熟悉且缺乏信任的情形下。因此，国际贸易的开展有赖于完善的信用制度来确保买卖双方都能够履行契约上的义务。然而，当出卖人交付合同标的物并转移所有权于买受人时，货物在运输过程中可能面临风险，尤其是海上运输，往往存在高度的不确定性。这些风险一旦演变为事故，其造成的经济损失无疑是巨大的，也是货物的出卖人和买受人都不愿意接受的。正因为如此，保险合同在此方面有着承担损失、支持投保人的信用、保证交易安全的功能。在国际贸易中，交付货物除了需要提交常用的单据，保险凭证也是不可或缺的。保险单的担保性不言而喻，其重要性更体现在：不仅保障国际贸易的货物交易的顺利开展，还确保进行国际贸易的企业能够正常经营。[①]

所以海上责任保险的改革，仍然要把握保险本身具有的功能，它对于被保险人的风险分担功能是其他制度很难代替的。虽然责任保险的功能在于保护受害第三人的利益，但是对被保险人的保护仍然不可忽视。从上述分析可知，责任保险功能的设定也经历了从保护被保险人到保护受害第三人，再重回兼顾二者权益保护的反复。因此，未来海上责任保险制度的建立，最为根本的在于兼顾性，既要满足被保险人（或者说是船舶所有人）应对可能承担责任的需求，也要考虑到如何才能使在海上事故中可能受到损害的第三人获得足够的保障。

三、及时性原则：快速救济作用的发挥

由于承运人对托运人的损害赔偿责任必须以承运人具有可归责性为前

---

① Robert E. Keeton, *Insurance Law-Basic Text*, West Publishing Company, 1971, p.36.

提条件，因此在没有可归责承运人的情况下，托运人便无法依据责任保险而请求保险人进行给付。此外，国际公约对承运人责任有限制，这使得货主只能在承运人的责任限额之内获得赔偿，即货主只能在限额之内获得保险人的赔付。

即使在承运人具有可归责性的前提下，若承运人给托运人造成损失，却没有足够的能力进行赔付，承运人首先应向保险人请求，保险人才能向托运人进行赔付。更多的情况是托运人可能只能依靠法律诉讼程序才能请求相应的赔付，这就导致了托运人在寻求损失补偿时，必须要消耗相当的时间成本。所以说，虽然有海上责任保险制度，但是如果不能建立托运人直接向保险人进行求偿的制度，那么这种时间成本也是无法避免的。[①]

四、前瞻性原则：风险分散制度的发展趋势

随着国际时局的日益动荡，海上发生损害的可能性也越来越大。之前没有得到足够重视的海盗问题，已经对各国的海上运输带来了较大的威胁，而难民问题虽然目前尚未有明显的影响，但该问题在未来究竟会造成何种影响，目前仍然无法估计。从目前中东地区的难民问题可以看出，难民问题一旦出现，所造成的负面影响将是极为严重的，从目前欧洲各国应对中东难民的情形就可见一斑。加上当今战争和政治风险重新被带到公众的视野中，国家层面上的经济制裁层出不穷，以美国为首的反全球化思潮正在萌生，国际贸易上的政治风险正在被保险公司重新评估。所以在设计海上责任保险的方案时，对于保障对象，不能仅以目前所面临的现实紧迫问题为对象，还要在制度的设计上留下应对可能问题的空间。海上责任保险在根本上是以私法自治精神以及契约自由原则所建立的制度，因此从性质上来看，仍然属于私法范畴，从本意上来看，则是由保险人与投保人根据自身意愿自由订立的保险合同。但是，由于在国际贸易当中，不同国家、地区之间的不同当事人的权利义务，因海上活动的高风险性而容易受到十分重大的影响，当发生货运纠纷时，应当如何快速、及时、有效地解决当事人之间的纠纷，稳定促进各国

---

① 参见张丽娜《论海上强制保险的制度价值》，载《大连海事大学学报（社会科学版）》2009 年第 6 期，第 67–70 页。

之间的贸易来往，就成了重要的考量因素。而责任保险，正如上述所述，恰恰成为解决可能问题的有效途径。

第三节 海上责任保险制度改革的主要问题

由于各国航海技术的发展水平存在一定差距、各国海上责任保险立法进程不同步，以及专家学者个人对海上责任保险功能的倾向选择，学术界和实务界对海上责任保险制度的立法改革也出现了不同的声音。归纳来看，主要有三个方面的内容：一是海上责任保险制度的功能转型问题，二是强制责任保险适用范围的扩大化问题，三是第三人利益的直接保护问题。

一、海上责任保险制度的功能转型问题

对于海上责任保险制度的改革，首先需要明确的问题是其必要性。如果现阶段的海上责任保险制度足以应对现代海上活动中出现的问题，则并无进行改革的必要；另如现代海上活动中有其他的制度足以保障可能出现的损失，则也无进行改革的必要。关于海上责任保险制度改革的必要性，真正要面对的问题是：扩大海上责任保险的保障范围或对其进行强制化是否具有充分的依据？因为即使不存在海上责任保险制度，对于海上活动所造成的损失也可以根据传统的侵权法来确定责任的承担。或者，即使因为海上活动造成损失，该损失也可以由承运人自行承担。至于是否投保，由承运人自行决定即可。那么为何需进行改革以不断扩大海上责任保险的保障范围？其背后真正的理论争点在于：现行海上责任保险制度的保障功能是否要从原有的保护承运人向保障海上活动中的受害第三人进行转变。

保险界普遍认为，海上保险有着比陆上保险更为悠久的历史，是现代保险制度的起源。[①] 传统的海上保险后来扩展出以物为中心的财产保险，随着经济社会的发展和保险行业的进步，随后出现以人为中心的人寿保险和以责

---

① 参见吴焕宁《海商法学》，法律出版社1996年版，第225页。

任为中心的海上责任保险。概括而言,保险产品的标的由实在的物质利益转向了非物质利益,这说明保险业在不断进步,所承保的范围逐步在扩大,保险法律也在随着时代的发展而发展。随着经济全球化的进一步加深,海上运输业也在不断完善,相对应的海上责任保险产品也在不断更新迭代,推出更多品种。从整个保险业的发展历史来看,首先,以1855年英国率先推出的承运人责任保险为标志,责任保险的序幕就此拉开,接着在飞机、船舶、汽车等领域迅速出现了第三者责任保险。随着资本主义的不断发展,雇主经济发展壮大,由此而产生了雇主责任保险;随着医疗、律师等行业的发展,又出现了医师责任保险、律师责任保险等专家保险。海上责任保险也在这个过程中孕育而生。英国先后对海上运输进行了立法规范,制定了《1906年海上保险法》《1995年英国商船航运法》等,随后美国[①]、意大利[②]、韩国[③]等国家相继发展了适合本国的海上责任保险制度。然而,与其他领域的立法情况相比,海上责任保险领域的立法进程明显较为迟缓。现有的立法大多是在20世纪海上运输业鼎盛时期制定的,这与海上责任保险在不同国家或地区内部所受重视程度存在差异有关。虽然《2002年雅典公约》根据海上责任保险的发展作出的修正为海上责任保险制度改革指出了新的改革方向,但是这种改革方向仅仅针对海上责任保险中的一个领域,并没有对海上责任保险的整体性的功能或保障对象的转移提出基本的框架。然而,传统海上责任保险的保障功能已经无法满足现代海上活动的需求。即使当代的国际公约已经提出了基本的思路,但很显然,这些国际公约主要仍然聚焦于解决现存的问题。对于刚出现却尚未成为各个主要国家普遍面临的问题,公约尚未制定相应对策。例如,在难民问题上,那些靠近难民来源国的

---

① 比较典型的有美国《1990年油污法》。美国对《1969年国际油污损害民事责任公约》和《1971年设立国际油污损害赔偿基金公约》设立的赔偿制度和基金限额皆不满意,独树一帜地建立了国内油污损害赔偿机制,成为当时世界上船东责任限制最高、基金补充最多的国家。

② 如《意大利民法典》第2767条规定"在责任保险的情形下,受害人的损害赔偿的债权,对保险人应当给付的赔偿金,有先取特权"。

③ 如《韩国油类污染损害赔偿保障法》第16条规定,对于船舶所有人发生的损害赔偿责任受害人可以直接向保险人等请求支付损害赔偿,但污染损害是由于船舶所有人有意的不当行为所造成的除外。受害人向保险人直接请求损害赔偿的,保险人得以援引船舶所有人本人有权主张的抗辩对抗受害人。

国家在此方面的需求相对较为迫切,而现有的国际公约中并没有此方面的对策。因此,在保障的功能需要转型的情况下,这种制度上的改革是有必要的。

二、强制责任保险适用范围的扩大化问题

强制保险是指由法律明确规定特定主体必须投保的保险类型,与自愿保险是相对的。世界上推行强制保险最早的国家是美国,1927 年,马萨诸塞州针对当时经常发生的机动车损害事件颁布了《强制机动车保险法》,该法的颁布标志着强制保险制度正式确立,在机动车保险方面由以往的自愿购买保险转为强制购买保险。而在相同领域下,英国确立强制保险的标志是《1930 年道路交通法》的颁布。[①] 随后,海上责任保险领域也在某些项目上推行强制保险责任制度。责任保险制度虽然在普通保险领域实施得比较顺利,但是在海上责任保险中却困难重重。例如,船舶保险中的碰撞条款及保赔保险都是自愿保险,是否投保由投保人自主选择。强制保险则不同于自愿保险,立法者考虑到受损害者的权利保护,要求投保者必须按照法律规定强制缴纳保险费。

现行强制海上责任保险主要适用于两个领域:一是人身伤亡方面,二是船舶污染损害方面。在人身伤亡方面,《2002 年雅典公约》规定强制承运人投保责任保险。该公约第 3 条明确规定,除非承运人能够证明事故属于某些特殊原因所致,否则就航运事故导致的旅客人身伤亡损失,承运人需在每位旅客每次事故不超过 25 万计算单位的范围内承担责任。[②] 在船舶污染损害方面,由于科学技术水平的限制和船舶公司对利益的追逐,船舶在航行过程中产生的油污对海上环境造成了巨大的破坏。随着环保意识的逐步提升,公众关于海上环境保护的呼声越来越强,船舶公司因油污被处罚的力度也越来越大。为了解决这一问题,船舶公司合作设立了"船东协会"险,即实际意义

---

① Ling Zhu, Xiuhua Pan, "Compulsory Insurance and Its Implications", *Lloyd's Maritime and Commercial Law Quarterly*, 2016.

② 《2002 年雅典公约》第 3 条规定,不由承运人承担责任的特殊原因有两类,分别是:(一)因战争行为、敌对行为、内战、武装暴动或具有不可抗力性质的特殊自然现象所致;(二)完全由第三人故意作为或不作为所致。

上的船舶污染强制险。

对于强制海上责任保险集中于人身伤亡和船舶污染损害两方面，有学者认为应扩大海上责任保险的适用范围，如船东货损责任、罚款责任以加强对第三人利益的保护；[①] 也有学者不认同这种做法，理由是强制保险以牺牲"契约自由"为代价，是国家公共利益和社会利益的要求，虽然对利益第三人起到了较好的保护作用，但不宜处处适用强制险，这样对于船东一方是不公平的。[②]

三、第三人利益的直接保护问题

对海上责任保险的最初探讨主要是围绕海上责任保险的合理性进行的，因为海上责任保险将被保险人对第三人的侵权损害赔偿责任转移给保险人。部分专家、学者认为，该制度使得民事责任制度名存实亡。[③] 海上责任保险制度的产生，在一定程度上削弱了侵权责任法的作用，使得侵权责任法原有的惩罚不法行为人等功能受到限制。另有专家指出，海上责任保险制度使得个人责任制度得不到重视，其中最大的问题就是如何保障在海上责任保险制度下的受害第三人获得直接且快速的保障。

在海上责任保险的发展过程中，一个重要发展是第三人对保险人的直接请求权与直接诉讼权利的出现。该制度旨在保护因被保险人的侵权而受到损害的第三人合法权益。《2002年雅典公约》规定了承运人的强制保险制度，直接诉讼就是与该原则相配套的制度。直接诉讼原则是指在承运人不能支付或者不支付受损旅客的损害赔偿金时，受损旅客可以直接向保险人直接提出请求，请求其支付其所承包的应当由承运人支付给受损旅客的赔偿金。这一制度也被称为第三人的直接请求权。这一制度的确立极大地缩短了海上航运中受害人索取赔偿的时间，有利于充分保障受害人的利益，

---

① 参见蔡艳艳《船东互保协会保险条款"残骸清除责任"适用解析》，载《上海保险》2007年第12期，第26-29页。

② 参见陈朝晖《论海上保险法的保险利益原则》，载《经济法论坛》2008年第00期，第509-525页。

③ 参见邵海《责任保险影响下现代侵权法的嬗变》，重庆大学2008年博士学位论文，第121页。

受到了大多数国家的重视,并被多国吸收到海上责任保险立法中。但业界中也有不同的声音,认为第三人的直接请求权违背了"合同相对性"的基本原理,合同之外的任何第三人均不能享有合同双方当事人约定的权利,否则有违公平的准则,海上责任保险合同属于合同的一种,应当遵循合同法的基本原则。

另外的一个重要发展是在责任保险中保险人抗辩义务的出现。抗辩义务,或者称为保险人的防御义务,是指当被保险人面对可能的责任上的请求时,保险人可代替被保险人对抗受害人,代为进行诉讼、抗辩、和解等程序。保险人抗辩义务背后的理论依据在于:责任保险不仅为被保险人分散可能的财产损失,更能使被保险人免受责任纠纷困扰,免于因为诉讼等原因而陷入不安的状态。并且,抗辩义务的引入可以使保险人得以直接与受害第三人接触,从而间接地达到受害第三人直接向保险人请求的效果,并避免因为合同关系和侵权关系的分离而产生理论上的难题。可以说,抗辩义务的引入代表了责任保险的新的发展方向。在现有立法例中,德国《保险合同法》第100条、《日本保险法》第22条规定等均将抗辩义务引入责任保险制度中。此外,《德国商法典》第891条规定,被保险人不仅有权向第三方转让已发生事故的请求权,而且可以转让由此引起的进一步赔偿的请求权,保险人可通过被保险人权利的转让取得被保险人的抗辩权。在美国,常见的商业普通责任保险通常包含抗辩条款,而且即使责任保险合同中没有抗辩约定,保险人也有法定的抗辩义务。[①]

可见,在对受害第三人的直接保护方面,直接请求权与保险人的抗辩义务成为现代责任保险领域对受害第三人进行直接保护的两个重要途径。但不可忽视的是,除责任保险外,还有无过失保险、社会保险等分散社会损失的重要手段。如在机动车强制保险领域,美国就采用了不同于其他国家的无过失保险制度,形成了第一方保险与第三方保险的混合,从而确保受害第三人可以直接对保险人请求保险金的给付。因此,如何在海上保险中选择恰当的方式保护第三人的利益,是问题的关键。

---

① 参见武亦文《论责任保险人的抗辩义务》,载《法商研究》2013年第4期,第67页。

第四节 海上责任保险制度改革的基本方向

一、海上责任保险制度的整体改革：以第三人利益保护为中心

（一）海上责任保险制度的强制化与整体模式构建

1. 海上强制责任保险应作为海上责任的最根本保障

根据国际公约和一般强制责任保险的定义，海上强制责任保险是由法律明确规定，强制适用于海上特定风险的海上保险，属于海上强制担保的一种，目的在于切实保护受害人的利益，进而维护社会的和谐稳定。海运事故一旦发生，后果大多非常严重。船东往往不能偿付巨额的赔偿金，一方面受害人不能获得救济，另一方面船东仅因一次侵权就可能陷入绝境，背负债务，难以继续从事海上运输。在利益驱动下，部分商人可能存有侥幸心理而不参与投保，一旦发生海难事故，就将面临毁灭性灾难，几乎没有补救的可能。在船东的财产不足以支付赔偿金时，受害人往往归责于法院。如果法院做出的判决不能维护其利益，群众对政府、对法院就会失去信任，社会的稳定和法制的发展也会因此面临阻碍。

更重要的是，强制责任保险的法制化，以实现特殊的政策目标为根本目的。因而在制度的设计上，通常在一定程度上突破传统的契约自由原则，典型者如对保险费率进行控制。例如，日本的机动车强制责任保险制度将无盈无亏作为其原则之一，以避免强制性保险沦为保险人获利的工具，尽量降低保费，在强制订立契约的制度下避免对社会大众造成较大的负担。此外，在强制责任保险制度中，为保障政策性的实现，会将自愿保险中某些不予承保的风险纳入保障范围。例如，我国机动车交通事故责任强制保险制度对免责条款进行了极其严格的限缩，将无证、无照驾驶等情形都纳入保障范围。[①]另外，我们可以看到，强制责任保险对传统的契约自由和商业营利空间造成了一定程度的损害，改变了原有的私法规则，并确实增加了投保人的负担。因而强制责任保险制度以为受害人提供救济的最基本保障为基础，对于政策

---

① 参见《机动车交通责任强制保险条例》第22条。

性较弱的部分，应交由自愿保险。

2. 自愿海上责任保险作为海上责任的可选择保障

在海上责任领域，一次事故的后果可能是灾难性的，船东如果单凭个人财产或强制保险一般不能彻底解决问题，故有必要参与商业保险，一旦出现保险事故，可以多一层保障。海上责任保险的标的是船东依法对第三人应承担的损害赔偿责任。虽非对船东的财产或财产利益的直接损害，但该损害赔偿责任一般为金钱赔偿责任，可用货币衡量，所以在签订海上责任商业保险合同时，一般会约定保险人承担的最高赔偿额。赔偿责任的大小与船东缴纳的保险费的多少相对应。船东在强制责任保险的基础上，选择投保商业保险可以有效地转移未来的责任风险。

3. 保赔保险作为海上责任的最后一道保障

海上责任商业保险人承保被保险人对第三人的赔偿责任，虽然第三人享有向海上责任商业保险人直接请求赔偿的权利，但责任商业保险人以海上责任保险合同约定的保险金额承担有限的赔偿责任。在重大的海运事故中，若商业保险公司的赔付不能填补受害人的全部损失时，船东可能还会承担额外的赔偿责任。如果船东加入了保赔协会，保赔协会实行无限赔偿责任原则，恰好能弥补普通海上责任商业保险的不足。如果没有出现海运事故，因为每年缴纳的会费不多，对船东不会构成负担；如果出现海运事故，则船东因承担赔偿责任所遭受的损失可以获得最大限度的弥补。

在海上责任领域，一次事故的后果可能难以预料。以油污责任事故为例，可能受到侵害的是多个国家或地区，船东无力承担赔偿责任，甚至商业保险公司也没有能力承担。[①] 随着社会的发展，海上商业活动愈发频繁。如果责任无论多大都由保险公司承担显然有失公平，也会阻碍保险业的发展，故商业保险实行有限责任赔付原则具有一定的可行性。然而，不能因为无力承担就不负责，这对受害人更加不公平。保赔协会作为船东互相担保的自治组织，分担风险的能力较强。保赔保险作为强制责任保险和商业责任保险的补充，为救济第三人提供了可靠的保障。

保赔保险由保赔协会承保，保赔协会主要受章程约束，属于自治组织，

---

① *The Maritime Law Association of U.S. Special Report*, Marine Protection & Indemnity Policy Annotations Project, 2001.

完全依靠会员的自律，不受一般法律的约束。而海上商业责任保险实行有限责任原则。两者均有不足，如果同时适用正好互相弥补不足，可以为救济第三人及保障船东继续从事海运提供可靠的保障。

（二）海上责任保险承保范围的扩大与明确化

随着经济的发展，海上贸易愈加频繁，海上交通工具不断改良，传统的船舶、货物和运费三种海上保险已经难以全面保障船东面临的海上风险，海上责任保险应运而生。船东（以下均包括船舶使用人、经营者）投保责任险旨在避免因未来海上侵权而应承担损害赔偿责任所遭受的巨大损失。目前海上责任保险主要包括碰撞责任险、海上污染责任险和保赔保险，虽然基本上可以涵盖海上责任风险，但海上风险具有高度的不确定性，如果仅仅局限于特定的几种责任保险类型，就无法有效发挥责任保险制度的作用，违背制度设立的初衷。因此，有必要扩大海上责任保险承保的风险范围。

海上责任包括民事责任、行政责任，甚至有时会涉及刑事责任。根据现行有效的国际公约和各国立法例，海上责任保险承包范围大多局限在列举的少数责任。以我国为例，虽然《海商法》的第218条规定保险标的包括对第三人的责任，但实践中并非所有海上责任纠纷中对第三人的责任都能够依据该规定获得赔付。在立法没有明确具体承保标的的情况下，保险合同中一般也不会作出相关约定，这对海上贸易的发展造成了一定的消极影响。为适应海上贸易需求，促进航海事业的发展，海上责任保险的承保风险范围应进一步扩大，应包括可能导致被保险人财产利益减少的一切对第三人的责任（被保险人故意或过失导致的责任除外）。本书建议海上责任保险的标的应采纳概括加列举的形式，由法律予以确定。列举典型的承保风险可以为法官运用法律作出判决提供确定性指引。概括式立法模式作为兜底条款一方面可以避免挂一漏万，另一方面可以确保法律的确定性，无须待出现新的海上责任风险又制定新的法律予以规范。责任保险承保范围的扩大有助于海上损害赔偿制度的不断完善。

在扩大海上责任保险保障范围方面，需要注意的问题是：在海上责任保险中需要明确剔除哪些损失？对此，机动车强制保险的经验尤其值得参考。在目前各国立法例中，无论是采取传统的责任保险的形式，还是采取保障力度更强的无过失保险的模式，其主流观点均认为应当以受害第三人获得基本、及时的保障为最主要的目的。因此，对受害第三人在事故中受到的人身方面的损害，自然应当将其纳入强制保险的范围，首先保证对受害人人身方面的救济，其次才考虑受害人在财产方面的损失和精神损害赔偿的问题。从直接效果上来看，将财产、人身乃至精神损害完全囊括在保险范围之内，固然对海上事故中受害人的保护较为有利，但在限制保费增长、不侵犯商业利益空间的前提下，仍然需要考量是否要将财产损失纳入保险保障范围。可以明确的是，在保险费既定的情况下，应优先保障人身损害赔偿，再考虑财产损失的保障。

（三）海上责任保险定位的回归与第三人利益的直接保护

保险的发展一般分为三个阶段，第一阶段是财产保险，第二阶段是人身保险，第三阶段是责任保险。分析保险业发展的轨迹可以发现，保险最初承保的是有形的物质风险，继而扩展到人身风险，再到无形的责任风险。保险业承保范围的发展是法律不断走向完善的必然结果，同时也是社会发展的具体体现。科技是第一生产力亘古不变，先进技术的开发带动社会分工的进一步细分，责任保险的险种范围自然也会扩大。但同时海上责任保险的承保标的是船舶所有人或使用人对第三人应依法承担的赔偿责任。在海上侵权中，赔偿责任大多体现为金钱赔偿，故海上责任保险实质上也属于财产保险。对此，本书认为海上责任保险并非一种新的险种，应将其归入责任保险的范畴。

在实践中，侵害第三人权益者可能承担刑事责任、行政责任或民事责任，但更多地涉及民事责任。根据《中华人民共和国民法典》第179条，承担某些民事责任并不会减少当事人的财产，但不能否认绝大多数的民事责任都会减少当事人的财产。[①] 船东在海上侵害第三人的权益，因而对第三人承担损害赔偿责任，责任承担的具体方式无外乎恢复原状、赔偿损失等。海上责任险的目的在于填补船东因侵害第三人权益而承担损害赔偿责任所受到的

---

① 根据《中华人民共和国民法典》第179条，承担民事责任的方式主要有：（一）停止侵害；（二）排除妨碍；（三）消除危险；（四）返还财产；（五）恢复原状；（六）修理、重作、更换；（七）继续履行；（八）赔偿损失；（九）支付违约金；（十）消除影响、恢复名誉；（十一）赔礼道歉。法律规定惩罚性赔偿的，依照其规定。本条规定的承担民事责任的方式，可以单独适用，也可以合并适用。

损失，此损失具体表现为被保险人即船东的金钱利益减少。在此种意义上，可以说海上责任保险的保险标的为被保险人的消极财产，故海上责任险亦属于财产险范畴。

但是责任保险在传统的制度构成上将面临的问题是，责任保险中仍然存在两方面的关系，即合同关系与侵权责任关系。两种关系的存在决定了受害人实际上并不能在法理上直接向保险人请求赔偿。这当然增加了受害人索赔的时间长度，也当然增加了受害人在获得赔偿上所花费的成本。从社会效果来看，这种传统的结构也当然会导致受害人在获得赔偿的过程中浪费大量的社会成本，影响责任保险的社会效应。因此，各国在对包括海上责任保险的政策性保险进行改革时，无一不将确保受害人能够简易地、直接地向保险人请求保险给付作为重点，这也就需要将海上责任保险制度中的直接请求权问题列为重点。

二、海上责任保险制度权利义务结构的改革：以直接请求权为中心

海上责任保险属于财产保险的范畴，但随着航海事业的发展，它早已超越单纯作为一个独立的海上保险类型的意义。海上责任保险的立法正在朝着强制化、扩大化和统一化的方向发展。[①] 海上责任强制保险兼具经济合理性和社会公益目的性。但仅凭海上责任保险难以有效发挥保险制度在航运事业中的作用。例如，无论是强制保险、商业保险还是保赔保险，都会涉及第三人直接请求权，只是请求权基础略有不同。海上责任保险制度的发展需要一系列的制度群作为支撑，否则独木难支。

（一）明确赋予第三人直接请求权的理论基础

第三人是否享有保险金直接请求权一直备受争议。原因在于，保险人与被保险人签订保险合同，成立合同之债；第三人与被保险人因侵权成立侵权之债。而保险人与第三人没有任何关系，第三人直接请求保险人支付保险金

---

① 参见张湘兰、张辉《国际海事法新发展》，武汉大学出版社2012年版，第200页。

的基础何在？其中，有观点认为保险合同可以看作为第三人利益而设定的合同。但仔细考虑可知，责任保险的承保标的是船东对第三人的侵权责任，并非第三人的利益，救济第三人只是船东承担侵权责任的后果。有人认为，当出现责任事故时，被保险人有权请求保险人支付保险金，此时被保险人是保险人的债权人，而第三人因权益受损成为被保险人的债权人，第三人可以凭借债权人的代位权或者被保险人的债权让与，行使向保险人请求直接支付保险金的权利。①还有学者认为，第三人的直接请求权来源于被保险人对保险人的给付请求权，该权利的转移是通过法律或者协议实现的。但是，因为第三人的直接请求权来源于被保险人在保险合同下的请求权，所以应该是一种附抗辩事由的直接请求权。②这种附抗辩事由的直接请求权难以实现对第三人的保护，因其容易受到保险人在保险合同下的抗辩，与当今海上责任保险制度越来越保护第三人权利的趋势相违背。③这几种观点都有一定的合理性。法律是立法者对价值的选择。明确请求权基础对法律的适用和第三人权益的保护具有重要的意义。本书建议采纳第二种观点，将第三人的请求权基础设定在债的保全中：如果被保险人积极地履行债务，可以依照债权让与的程序办理理赔；如果被保险人怠于履行债务，第三人可以依据债权人代位权保障自身权益。但是该学说在适用于我国海上责任保险制度时存在显著局限性，由于海上责任保险的承保风险大多数为侵权责任，代位权制度的扩张适用仍待考究。④

（二）保险人与被保险人连带赔偿责任的确立

如果赋予第三人直接请求权，而又没有连带责任赔偿制度的保障，可能会出现如下后果。出现责任事故后，船东是最应该对第三人承担责任的主体，船东可能会因为自己已投保，所以推卸责任，不主动配合第三人弥补损

---

① 参见江朝国《保险法逐条释义（第三卷财产保险）》，台湾元照出版有限公司 2015 年版，第 825-839 页。

② 参见马炎秋《论第三人对责任保险人的直接诉讼权》，载《中国海洋大学学报（社会科学版）》2005 年第 1 期，第 52-56 页。

③ 参见林春红《第三人对船东互保协会的直接诉讼制度研究》，厦门大学 2006 年硕士学位论文。

④ 参见李可《海上责任保险及其发展趋势》，上海海事大学出版社 2005 年版。

失，而第三人与保险人并没有任何直接的法律关系，第三人基于保险人的债权让与或者代为行使债权，并不会轻易地获得理赔。如果立法规定保险人与被保险人承担连带赔偿责任，则更加符合保护第三人的立法目的，而且有利于敦促保险人和被保险人积极地承担损害赔偿责任。

（三）自愿保险中直接请求权的规范与立法模式的选择

1927年，美国马萨诸塞州率先推出机动车强制责任保险。此后，世界多地不断探索责任保险体系。如今较为成熟的责任保险制度，包括我国台湾地区的机动车强制保险、欧盟巨灾强制保险和海上油污强制责任保险等。"私法自治"和"契约自由"作为私法重要的原则，虽不应轻易被限制和剥夺，但在社会公益和实质正义面前，对私法的自由理念予以一定的限制是有必要的。以海上油污的强制责任保险为例，在海上环境与安全保护面前，在大范围受害国家和地区、人民面前，对船东缔约自由加以限制是有必要的。强制保险具有强制性，在一国或者一个地区可以依靠国家的强制力来推行。但国际社会并没有超乎国家之上的组织，如果没有各国共同制定的条约，强制责任保险制度将寸步难行。而国际条约并非对各国都有约束力，只有申请加入国才会受到条约的约束。强制责任保险制度要求船东与保险人签订保险合同，这既是强加给保险人与被保险人的义务，又是对当事人财产权的限制，因此强制责任保险不仅应满足社会公益的目的，同时应符合法律保留原则。①在海上强制责任保险中，除非依法律规定或者国际条约确定，否则不得擅自将任何风险范围纳入强制责任保险的范畴。

而由此产生了一个问题，如果在强制保险的范围内承认受害人的直接请求权，那么在一般的自愿保险中则无须遵循强制责任保险的特殊规则。因而，在将强制保险中设置的限额将直接决定受害人在多大程度上可以较为简易地向保险人直接请求赔偿。因此，在保险的限额上，现有的强制责任保险制度中也存在设置较高责任限额甚至不设上限的立法例。所以，究竟是采取强制保险和自愿保险相结合的模式还是采取强制保险的单一模式，将直接决定直接请求权等特殊的规则的应用范围。根据前述分析，目前仍然以强制责

---

① 参见张湘兰、张辉《国际海事法新发展》，武汉大学出版社2012年版，第208页。

任保险和自愿责任保险相结合的模式为妥。因此，在保险法与海商法尚未作出统一的规定之前，仍需按照一般法的规定适用。

三、海上责任保险制度的内容改革：以保障范围的扩张为中心

（一）强制责任保险范围的扩张

按照实施形式的不同，可以将保险划分为自愿保险和强制保险。强制保险是法律规定行为人对特定的对象必须投保的一种保险，与自愿保险相对。国家通常规定，对于危险程度较高、涉及公共利益较大的领域，必须投保强制保险，无论投保人是否同意，只要其从事该行业就不得拒绝投保。在强制保险中，第三人享有直接请求权，保险人承担赔偿责任一般采用无过错责任原则，以确保受害人能及时获得救济。海上事故一旦发生，后果往往非常严重，涉及利益巨大，如果行为人没有投保，通常难以承担赔偿责任，受害人的利益则无法得到补偿。无论是从鼓励航海事业，还是从不能牺牲他人利益的角度出发，适用海上强制责任保险制度都是大有裨益的。

海上强制责任保险有利于保护第三人的利益，维护国际社会的稳定，但同时也违背了合同自由原则、突破了合同相对性原则，所以推行海上强制责任保险制度应限定在合理的范围内。前文已经提及，强制责任保险保障范围的确定应当以为受害人提供最根本的保障为限制。根据侵犯客体上的分类，侵权之债一般可以分为财产损失与人身损害。[1]但从保障的必要性和救济的差异来看，对受害人而言，人身损害具有非自愿、原状难以恢复、受救济需求迫切等特点，在救济顺序上应当优先于财产损失。由于职工或其他劳动者的债权具有不对等性等问题，其财产损失也应优先于其他一般债权。[2]由此

---

[1] 债法的基本分类为：侵权之债、无因管理之债、不当得利之债、合同之债。其中，侵权之债是责任保险当然的保险标的。无因管理之债在一定情况下也可作为责任保险的标的。而不当得利之债由于在经济上没有消极状态，因而不能成为责任保险的标的。至于合同之债，在理论上存在争论，但由于有信用保险等其他类型的险种，因而在此也不将其纳入讨论范围。

[2] 参见韩长印、韩永强《债权受偿顺位省思——基于破产法的考量》，载《中国社会科学》2010年第4期，第101-115页。

可见，在债务人无法满足债权人全部的债权要求时，有限的责任财产按照何种顺位提供救济是有一定逻辑的。强制责任保险的保险金虽不适用于担保、强制执行、破产等问题，但在实现债权的保障功能上，仍与一般的责任财产有别。因此，仍需考虑适用范围问题。由上可推论，强制海上责任保险的范围顺位，应当是人身损害中的物质损害＞财产损害中劳务债权＞其他财产损失＞人身损害中的精神损害。此外，由于强制责任保险制度始终处于发展过程中，因而该顺位不应被视为对强制海上责任保险的限制，而应被视为发展的方向指引。首先，涉及人身损害的责任应优先纳入保障范围。在与人身损害相关的责任险种和环境责任险种中，那些可能涉及众多人员、产生巨额赔偿责任的险种应当首先作为强制保险，如因乘客伤亡引发的责任保险、环境污染引发的责任保险。其次，在涉及财产损失的责任上，也应当采取此种思路。在涉及环境污染的案件中，由于涉及范围一般较广，所产生的赔偿责任就相对较重（在环境污染案件中，由于污染源会不断扩散，因而有时可能产生较大范围的损失），且这种损失往往会对沿海普通民众的基本生活环境产生影响（例如养殖业、捕捞业、旅游业等）。可以说，海上污染案件在实践中往往都是大规模侵权案件，因此更需要通过责任保险的形式予以保障。最后，因碰撞、作业产生的责任，一般对象较为单一，虽然责任负担较重，但仍然难以与环境污染等案件相提并论，且不属于责任者难以负担的项目，因此在前两者未完全纳入强制责任保险之前，该类损失暂不纳入。

（二）保赔保险的保障范围的扩张：保险监管制度的运用

保赔保险始于1855年。19世纪末，国际保赔协会集团成立。1984年，我国船东互保协会创立。截至2025年，全球超过90%的远洋商船都已加入保赔保险协会，保赔保险已经成为海上保险的主要险种之一。有学者认为保赔保险就是海上责任保险。[1] 随着保赔保险制度的发展，此种说法已不够准确，保赔保险的有些保险标的已经不属于海上责任。[2] 例如，我国的船东互保协会对救助人命费用进行承保。虽然保赔保险的部分承保标的已经超越责

---

[1] 参见王桂香《保赔保险和海上承运人息息相关》，载《集装箱化》2006年第8期，第27-29页。

[2] Kevin X Li, Tingzhong Fu, Ling Zhu, et al., "Marine Insurance Law in China", *Tulane Maritime Law Journal*, 2008.

任保险的范畴，但当下仍然不能否认保赔保险是海上责任保险的主要方式之一。与商业保险相比，保赔协会强调"先付原则"。"先付原则"的设定有助于保证保赔协会的财务稳定，但同时也有其局限性。船东先承担赔偿责任，再找保赔协会理赔，理赔需要一定的程序、一定的时间，在此时间内船东可能会因承担赔偿责任而丧失某些商业机会，这是资源配置的浪费。可见，保赔保险的经营主体与一般的责任保险的经营主体并不相同。尤其是按照我国法律的规定，其不应当属于《中华人民共和国公司法》的规制范围，而属于《社会团体登记管理条例》。并且，根据我国社团的管理规则，保赔协会或类似的组织要接受其主观挂靠单位的管理。因而，从实践上来看，实现行政部门对保险互助组织的监管是可行的。

保赔协会不以营利为目的，设立的主要目的是承保船东责任险，会员共担损失，分散风险。[①]保赔协会是船东自愿组成的互助、互相担保的组织。在协会中，船东作为会员定期向协会缴纳会费，会费一方面作为保障协会正常管理的经费，另一方面作为基金用以承担会员出险时的海上责任赔偿。如果赔偿责任过重，会费不足以支付，会员应缴纳额外会费。协会是自治组织，会员的加入与退出完全自愿，如果不按时缴纳会费将自动退会，其从事海上营运致第三人权益受损时则不再享受保赔协会的担保。这些特点也决定了，在保险互助组织内，通过扩大保障范围以促进保险功能的增进，一方面不会侵占商业保险原有的市场，也不会对商业保险市场的利益产生损害；另一方面，由于保险互助组织基本遵循无盈无亏的原则，所以并不会出现借助政策性保险谋取利益的情况。

现行的保赔协会约定会员每年缴纳部分会费，当出现重大责任，会费不足赔付时，会员再额外缴纳。此种制度有一定的合理性，一方面提高了资金的利用效率，因为保赔协会不以营利为目的，持有过多的会费是对资源的浪费；另一方面，如果会费过高，未出险的船东投保时将承担过重的赔偿责任。同时，这种制度也存在弊端，由于协会是自治组织，当出现过重的赔偿责任，而部分会员不愿意承担此部分的额外会费时，是否应将其排除出协会，也有待讨论。从此种意义上讲，保赔协会的会费制度有待完善。

以我国的船东互保协会为例，其主要受《中国船东互保协会章程》约

[①] 参见张丽娜《海上侵权法律制度研究》，吉林大学出版社2009年版，第131页。

束，该章程约定协会设有会员大会和董事会，组织机构设置类似于我国的股份公司。本书认为，可以借鉴我国公司的有限责任制度。根据《中华人民共和国公司法》，有限责任公司实行限期认缴制。保赔协会可以借鉴，各会员可以认缴责任分担份额，每个会员入会时需缴纳部分会费，以保证协会的正常费用支出，同时认缴责任分担份额，不同的责任认缴份额对应协会最终承担第三人责任险的限额，同时也对应其他会员出现重大赔偿责任时，其必须缴纳的额外会费的限额。此制度的设计可以有效地避开现行会费制度的弊端。

（三）自愿责任保险保障范围的扩张：对机动车商业第三者责任险模式的借鉴

在传统的商业保险中责任保险一直未被重视，只是作为船舶保险的条款之一被列明，主要是碰撞责任条款，承保被保险人对第三人的碰撞责任。碰撞责任中赔偿责任的成立必须以船东主观故意或者过失为构成要件。随着侵权损害赔偿制度的不断完善，无过错责任原则成为侵权法的归责原则之一。其他商业保险为自愿保险，船东完全依照自身需要而投保。强制责任保险有必要设定，但不能也无法取代自愿保险。

但在典型的机动车保险领域，则有较为成熟的经验可以参考：我国机动车商业第三者责任险领域，虽然并未采取强制性的方式，但由中国保险行业协会牵头组织出台了相应的示范条款，而后在保险行业当中进行推广，由此在保险行业内部形成了较为优良的通用条款。因此，在相应制度上，我国的机动车商业第三者责任险就可以进行统一的、较为有力的改革。同样，在旅行社责任保险和煤矿企业安全责任险方面，我国也采取了类似的推广制度。从严格意义上来讲，这也属于政策性保险的形式之一，只不过其强制性较弱，而采取了更为柔和的方式，从而避免了通过立法或行政手段过度侵占商业保险市场之嫌，同时更较为有效地引导了商业保险市场的发展。

从上述经验来看，海上责任保险虽然可以划入财产保险的范畴，但与普通的海上财产险相比，其具有一定的特殊性，最直接的承保标的是对第三人的责任。被保险人投保海上责任保险的目的是当其在海上故意或者因过失侵害第三人的利益时，由保险人替代自身承担赔偿责任。被保险人通过投保责任保险分散甚至转移其因海上侵害第三人的权益而应承担的赔偿责任。被保险人对第三人的责任或因侵权或因违约而产生，其投保海上责任险的目的在于转移风险，减少损失。因为海上侵权往往后果严重，立法基于谨慎角度，对海上责任保险的具体险种作出了明确规定。对此，本书建议，可以参考上述几类商业责任保险的成功经验，确立相应的示范条款，扩大责任保险承保的风险范围。因为强制责任保险突破了契约自由原则，所以对强制责任保险的范畴可以从危险程度和公共利益的角度出发予以限制。为全面保护第三人利益，保障航海运输安全发展，船东在投保海上强制责任保险的同时，可以选择投保由相应机构推行的示范条款或保险项目，以尽量全面地保障相对人的合法权益。

第五章
关于海上责任保险制度改革的建议

　　海上责任保险制度是分散海上风险、保证船舶运输安全、促进海运事业发展、维护海洋环境的重要制度。其本身的完善直接关系到海上贸易的繁荣与稳定。我国海上责任保险制度还存在着一些需要改进之处，对此，仍需要在明确我国海上责任保险制度现状和问题的基础上，提出改革中要注意的原则，进而在改革方案的基础上，提出合理的完善途径。

第一节 海上责任保险制度的主要问题

我国海上责任保险制度起步较晚,其开端是1953年中国人民保险公司根据伦敦协会条款办理的船舶保险。1992年7月1日起实施的《海商法》对海上责任保险未作详细规定,其他相关的法律法规亦未作详细规定。我国保险公司采用的"船东保障和赔偿责任条款"和中国船东互保协会采用的保险条款(入会条款),规定不够全面。总体而言,我国海上责任保险制度存在一定的不足之处。

一、保障范围单一与保障需求扩大趋势间的矛盾

我国海上责任保险制度目前主要以应对船舶可能造成的海洋污染为目的。在制度的建立方面,针对船舶污染责任已有相关规定,但是对于其他情形可能引发的责任,还缺乏明确规定。

1880年,英国颁布《雇主责任法》后,相应的雇主责任保险便应运而生。之后,随着对专业领域人员在责任承担上的归责原则日益严苛,相应依据身份之责任而生的保险日益繁荣。如医师责任险、会计师责任险、律师责任险等专家保险,再如旅行社责任险等有关服务业的保险,在当今社会便极为流行。如今,几乎各个行业都有与之对应的责任保险。因此,在责任保险制度的发展过程中,责任保险产品也在不断推陈出新,以求满足不断出现的新兴职业的需求。

在船舶运输领域,也存在着这样的行业发展趋势。越来越多的利益方参与到海上运输和海洋开发中,进行海洋资源的开发、船舶的应用与设计等。同时,船级社、引航员、验船师等职业的出现,也相继引发了这些从业人员在承担相应责任上的问题。[①] 然而,此类型的保险在我国尚未得到推广。

---

① 参见张丽、王秀芬《我国引航法律制度研究》,载《法学杂志》2012年第1期,第88-91页;姚洪秀、马晶晶《船级社法律责任制度的探析》,载《海大法律评论》2006年第00期,第146-162页;韩立新、包继来《中国船级社法律责任探析》,载《当代法学》2003年第4期,第158-161页。

第五章　关于海上责任保险制度改革的建议

海上保险的出现，是为了能够应对在海难中遭受到的损失。相应地，保险公司在对船舶进行承保时，在费率的厘定和其他具体条款的拟定上，也希望有能够对船舶的质量进行正确评估的公正机构。在1760年，世界上第一个船舶检验机构——英国劳氏船级社（Lloyd's Register of Shipping, LR）——诞生，其他经济发达国家也相应地成立了此类组织，这也就是"船级社"的前身。船级社的诞生，实际上便是为了满足保险公司的需求。时至今日，船级社已经为造船、交通运输业、金融、政府、相关制造业、保险、建筑业、能源工业和其他服务业提供服务。对船舶进行检验的实际操作人为验船师，如果其在船舶的质量评估上出现问题，那么就可能给这些服务对象造成巨大损失，而验船师本人又无法完全承担损失的全部赔偿责任。同样的情形也发生在引航员身上。对此，责任保险的介入就十分有必要。

中国船级社（China Classification Society, CCS），目前为交通运输部直属事业单位，但进行企业化管理。2006年，CCS在同国内保险经纪人、国外保险机构进行了多次谈判之后，最终在国际运输中介协会（International Transport Intermediaries Club, ITIC）投保了职业责任险。该险种主要承保验船师在验船的过程中由于过失产生的法律责任。可以说，该种保险能够在很大程度上解决验船师在对船舶进行检验的过程中可能出现的问题。但是，从性质上说，这仍然不属于强制保险，对于该类保险的投保，仍然属于CCS组织的自愿投保。

同样的问题还出现在船舶经纪人的执业上。在国际运输中介协会处理的另一起案例中，船舶经纪人签署了直接延续租用的条款，但忘记将租船人"需要24小时内再确认"加入协议中。于是船东声称他们所见过的协议里并没有这一条款，认为他们已经完全租用了。租船人没有执行延期并把船还给了船东，于是船东将船以更短的期限和更低的费率租赁给其他租船人。船东向原租船人索赔损失，而原租船人向船舶经纪人索赔。国际运输中介协会裁决赔偿金额为140000美元。[①] 那么，保险经纪人是否可以向保险公司投保而分散损失？

目前在我国并没有发现类似的保险产品。因而，上文所提到的借鉴商业

---

① 参见国际海员服务中心网，http://www.issconline.com/article-25333.html。

机动车保险的方式就可能成为除了以强制责任保险通过政策性的方式确定保障范围之外最为现实的方法。而在此基础上扩大保障范围，也是应有之义，但在此问题上仍然需要注重责任保险功能转变的需要。在具体的范围上，仍然需要将目前需求较为迫切的项目纳入保障范围。

二、规则体系的零散与适用需求间的矛盾

由于海上责任保险的多样性，所以在规则上需要对其进行多方位的调整。例如，虽然有很多港口强制要求运送散装原油的货船投保强制保险，但《防治船舶污染海洋环境管理条例》第53条规定："在中华人民共和国管辖海域内航行的船舶，其所有人应当按照国务院交通运输主管部门的规定，投保船舶油污损害民事责任保险或者取得相应的财务担保。但是，1000总吨以下载运非油类物质的船舶除外。"[1]2014年公布的《交通运输部公开行政审批事项目录》中，船舶油污损害民事责任保险证书或财务保证证书核发也在其中。显然，《防治船舶污染海洋环境管理条例》并不是将强制责任保险作为应对污染的唯一方式，而是将财务担保也作为应对污染、保障所有人赔付能力的手段之一。虽然从理论上看，采取投保责任保险的方式似乎更会受到船舶所有人的欢迎（责任保险可以在终局上解决赔偿问题，并且从实践角度看，财务担保的成本并不比责任保险更低），但责任保险终究不具有完全的强制性。相对责任保险而言，财务担保具有更大的不确定性，其最终带给船舶所有人的不是债务的解除，而是仅在某种程度上缓解船舶所有人面临的责任危机。在担保人向受害人赔偿相应的赔偿金之后，船舶所有人仍然会面临相应的债务，这不利于海上运输业的发展。可见，该条例主要为了应对船舶造成海洋污染的问题，其保护的对象更侧重于在海洋污染中受到损害的受害人，并非船舶所有人。

如果对这些保险进行强制化，会给船舶所有人带来额外的经济压力。与财政保障制度相比，投保责任保险所产生的费用增加了前期的成本。

---

[1]　《防治船舶污染海洋环境管理条例》，第53条。

三、第三人直接诉讼制度滞后与第三人利益保护间的矛盾

在我国现有的责任保险制度中，受害第三人直接请求权是否妥适仍存在争议。从政策性目的的角度出发，赋予受害第三人以直接请求权，很显然能够使受害人获得及时、充分的补偿。我国《保险法》所制定的责任保险的相关规则，在实际应用和法律实践中，需要考虑以下两个方面。一方面，我国《保险法》实际上并未明确规定在自愿的责任保险中，受害人有权直接向保险人请求赔偿，只规定在法律法规或合同另有约定的情况下受害人才享有直接请求权；另一方面，由于未规定直接请求权，我国尚未规定被保险人在受害人行使直接请求权时对保险人负有辅助或配合义务。虽然理论界对该问题的探讨较为热烈，但我国在立法层面尚未对直接请求权予以明确规定。

从前文典型国家的海上保险制度的改革可以看出，目前国际上公约的改革趋势在于赋予受害第三人以更为直接、便利的保险金请求权，从而保障受害第三人的利益；同时采取更加严格的归责原则，提高保险金的赔偿限额，并以强制性规定的形式，最大程度发挥保险的功能，尽可能为受害第三人提供充分的保护。目前，我国的规定主要采取传统的过错责任原则。《海商法》第114条规定："在本法第一百一十一条规定的旅客及其行李的运送期间，因承运人或者承运人的受雇人、代理人在受雇或者受委托的范围内的过失引起事故，造成旅客人身伤亡或者行李灭失、损坏的，承运人应当负赔偿责任。"由此可以看出，只有在承运人出现过失的情形下，保险人才承担责任。

更重要的是，在责任的确定方面，责任的确定始终是受害第三人与被保险人争论的问题，而此时保险人似乎躲藏在被保险人之后，待被保险人通过诉讼或其他方式花费巨大成本之后，保险人才有履行相应责任的可能。这使得责任保险有时给人一种奇怪的印象：购买保险似乎并不能为被保险人减轻负担，被保险人仍然被繁复冗长的诉讼所拖累，而这些诉讼最终仅为保险人减轻了负担。这显然不是法律制度所期望和倡导的效果。

四、国际条约衔接脱节与我国海上贸易发展的矛盾

从根本而言,承运人责任承担的基础仍然沿用传统的过错责任归责原则。该原则的确立,源于当时各国立法中,侵权法普遍以过错责任为主要归责原则,并且在交通事故领域,还未采用更为严格的归责原则。然而,《2002年雅典公约》对相关内容作了重大改动,明确将海上保险事故划分为航运事故和非航运事故。但是,我国海上责任保险制度相关方面还未与《2002年雅典公约》相统一。

(一)归责原则的发展对我国海上责任保险制度的要求

根据《2002年雅典公约》的规定,对于航运事故造成的旅客人身伤亡适用严格责任归责原则,在战争、不可抗拒的自然现象、叛乱、完全由第三方故意作为或不作为引起事故的情况下,承运人可以免责。而在承运人能够证明其本身不存在过失的情况下,承运人也可以免除责任,也就是对于责任免除的举证责任在于承运人,一旦承运人无法证明其不存在过失,就需要承担相应的责任。这是借鉴了《1999年蒙特利尔公约》的规定,对承运人的责任进行加重。但对于财产损失或因为非航运事故造成旅客人身损害或财产损失的情形,该公约仍然采取普通的过错责任原则。① 因此,对于航运事故造成的损害,《2002年雅典公约》实际上采取了双层归责原则。

我国的海上责任保险制度则仍然以传统的过错责任归责原则为基础,对被保险人所承担的责任提供保障。但是,由于严格责任归责原则的发展,被保险人现在承担了更多可能出现的责任。由于国内并没有采取双层归责原则,这就使得是否要对无过错责任进行保障成为难题。对此,在部分海上责

---

① 根据《2002年雅典公约》的规定,对具体情形的赔付可归纳为:①旅客人身伤亡引起的损失,是由于战争、敌对、内战、起义或特殊的、不可避免不可抗拒性质的自然现象造成的,或完全由于第三方旨在造成该事故的故意的作为与不作为导致的事故引起的,承运人不承担责任;②旅客人身伤亡引起的损失,是由于非航运事故造成的,承运人承担过错责任;③旅客人身伤亡引起的25万SDR以内的损失,是由于航运事故造成的,承运人承担严格责任,但是如损失系该旅客的过失或疏忽所造成或促成,则受案法院可按该法院地的法律规定,全部或部分地免除承运人的责任;④旅客人身伤亡引起的25万SDR以上的损失,是由于航运事故造成的,承运人承担过错责任;⑤由于旅客行李灭失或损坏造成的损失,承运人承担过错责任。

任保险合同中就不得不将那些非因被保险人过错引发的责任确定为除外责任。否则，海上责任保险合同就要在现有市场中提高保费，从而降低自身的竞争力，这就使得我国的海上责任保险制度虽然已经符合国内法的要求，但未充分考虑到国际海上责任保险制度的发展趋势。

（二）责任限额较低

《1974年雅典公约》规定，在任何情况下，承运人对每次运输每一位旅客的死亡或者人身伤害所承担的赔偿限额不超过70万法郎。而《2002年雅典公约》中最具争议的问题实际上是保险限额，发达国家和发展中国家存在较大的分歧。最终，该公约将责任限额确定为在严格责任下25万SDR，强制保险限额为25万SDR，一般性责任情况下为40万SDR。同时，为了满足部分发达国家的需要，该公约同时设定了选择条款，成员国可以根据自身状况在国内法中规定不低于该公约的责任限额。

我国关于300总吨以上从事国际运输或作业的船舶海事赔偿责任限制的规定主要集中在《海商法》第210条中，其采用的是吨位制的计算方法。按照此规定，人身伤亡的赔偿限额为333000计算单位，非人身伤亡赔偿限额为167000计算单位。通过对比可知，我国目前在法规上对于海上责任保险所设定的责任限额是较低的，这种限额或许可以应对近海航行中可能产生的责任，但相对于《2002年雅典公约》所设定的责任限额，我国海上责任保险制度给被保险人提供的保护难以与国际贸易的普遍水平相适应，因而在国际贸易中所产生的损害与承担的责任可能远远高于本国的平均水平。而这种较低的责任限额，一方面使得被保险人难以获得有力保障，在国际贸易中极易遭受巨大损失，另一方面也会影响被保险人的信用，不利于被保险人提高自身的竞争力。

（三）责任保险制度强制化范围不足

《2002年雅典公约》规定，载客人数为12人以上，并在缔约国登记的船舶，必须投保责任保险或取得其他财务保障，以保障所有缔约国的船舶都有足够的资金保障以应对可能遭受的损失。强制责任保险限额应当不低于《2002年雅典公约》中议定的人身伤亡的赔偿限额。在同时存在缔约承运人和实际承运人的情况下，《2002年雅典公约》规定实际履行运输的承运人有投保的义务。

我国海上责任保险的强制责任保险制度更多集中在航运污染的领域，对旅客的保障问题，通常需要借助旅行社责任保险和旅客意外伤害保险完成。而在财产保险领域，则多以一般的运输责任保险来保障。旅行社责任保险在国内法上属于强制保险的范畴，而旅客意外伤害保险和运输责任保险则属于自愿保险的范畴。虽然在很多情况下，被保险人会选择投保来应对海上贸易中的巨大风险，但是由于相关保险不具有强制属性，这些领域始终缺乏对海上贸易从业人和其他相关者的保险保障。

第二节 海上责任保险制度立法模式的改革

我国海上责任保险制度经过一段时期的发展，已逐步形成相对完善的法律体系。这种制度框架与我国在立法上渐进性的步骤有密切关系，在形成具有我国特色的海上责任保险制度的同时，随着国际贸易的发展和国际条约的修改，也需要对其进行不断完善。

一、我国海上责任保险制度的基本架构与效果分析

（一）我国海上责任保险制度的基本架构：统一与分级的共存

1. 统一立法加特殊规定的立法模式：保障范围的限制

目前，我国海上责任保险在框架上采取了统一立法加特殊规定的方式。我国对海上责任保险的基本使用仍然遵照《海商法》和《保险法》的相关规定。而在强制投保的领域内，则需要遵照中央和地方的相应条款。在内容上，目前的责任保险制度仍然主要以油污险为强制保险范围，对其他保险仍然采取自愿保险的形式。实际上，出于船舶安全保障的需要，某些港口或者省份也要求船舶投保诸如特种设备责任保险等险种；同时，船舶所有人、承运人为满足相关国家的法定保险要求，也需要投保相应的责任保险。这些险种虽不属于法律或行政法规规定的强制投保范围，但在实践中产生了较大影

响，也可以被视作事实上的强制保险。

2. 责任保险与保证金双轨制保障模式：保险制度的选择性适用

在海上风险防范的方式上，我国海上责任保险制度通常包含两种方式：一种是要求船东或承运人投保责任保险，通过保险人来保障有足够的资金可以承担船东或承运人造成的损失；另一种是要求船东或承运人提供相应的财务保证证书，从而证明船东或承运人有能力对其可能造成的损失进行赔偿。对于仅采取其中一种保障方式的制度，学理一般上称其为单轨制（其中仍然以仅要求投保责任保险的方式为主，只要求提供财务保证证书而拒绝责任保险的形式较为少见）。而要求可以采取两种方式中任意一种的制度，被称为双轨制。我国在海上强制责任保险中目前采取双轨制；在海上自愿责任保险中并未进行明确规定，因此并无所谓双轨制与单轨制之区分，而是视责任人自身选择而定。

3. 中央立法与地方立法共存模式：保护程度的不平衡

实际上，虽然国际航线散装油类运输已通过《1969年国际油污损害民事责任公约》确立了强制责任保险制度，但是国内航线散装油类运输船舶的强制责任保险要求仍存在范围差异，需按规定投保强制责任保险。

虽然《船舶载运散装油类安全与防污染监督管理办法》已经规定了投保强制责任保险的要求，但是原交通部海事局1999年颁布的《关于对〈船舶载运散装油类安全与防污染监督管理办法〉有关问题的说明》中明确"油污保险"是自愿责任保险，所以，我国还没有对国内运输航线上运输散装油类货物的船舶实施强制保险制度。

但是，国内有部分港口为了防范可能出现的损失，要求不论是国内航线还是国际航线船舶，只要是停靠在其港口都需要投保责任保险。比如，上海海事局在2000年颁布的《对上海港供油船舶进行整顿和强制油污责任保险的办法》中规定，进出上海港的游轮必须投保强制责任保险（还包括2000吨以下的货轮）。而深圳市则在1999年便颁布了《深圳市防止海域污染条例》，规定国内航线2000吨以上的油船进出港口时必须投保责任保险。所以，虽然有些地区对船舶投保责任保险有相应的规定，但整体规定并不统一，各地相应的标准也不同。更重要的是，进行沿海运输的船舶往往质量较差，标准化水平较低，并且进行这种沿海运输的船舶往往并非属于大型运输公司所有，而属于个体船舶。这种情形就造成运输船舶管理分散，导致在投保上难以进行集中制管理，难免出现疏漏。此外，由于其本身的盈利和管理模式不能与大型运输公司相比拟，如果对其投保各类保险，可能会增加其所有人或管理人的负担。

（二）海上责任保险具体险种的构成：分散式立法

1. 环境污染责任保险

2009年9月颁布、2010年3月实施的《防治船舶污染海洋环境管理条例》对船舶可能造成的海洋污染问题提出了更为积极的应对方案。[①] 其中第53条规定了应当投保责任保险或提交财务担保的船舶的吨位限制，并对相关的额度、应当取得的证件、不进行投保的责任也进行了相应的规定。应当说，从该条例的内容来看，其在很大程度上完善了1983年的规定，在责任的承担上作出了较为细致的规定。该条例颁布后，我国海上责任保险中应对油污的责任保险已经成为强制保险，并获得了相应规则的支持。

最高人民法院2011年发布了《最高人民法院关于审理船舶油污损害赔偿纠纷案件若干问题的规定》，其中针对油污责任保险的具体制度进行了更为详细的规定，明确规定对于船舶所有人故意造成的油污损害，保险人有权拒绝给付保险金。其中第8条规定："受损害人直接向船舶油污损害责任保

---

① 该法第53条规定："在中华人民共和国管辖海域内航行的船舶，其所有人应当按照国务院交通运输主管部门的规定，投保船舶油污损害民事责任保险或者取得相应的财务担保。但是，1000总吨以下载运非油类物质的船舶除外。船舶所有人投保船舶油污损害民事责任保险或者取得的财务担保的额度应当不低于《中华人民共和国海商法》、中华人民共和国缔结或者参加的有关国际条约规定的油污赔偿限额。承担船舶油污损害民事责任保险的商业性保险机构和互助性保险机构，由国家海事管理机构征求国务院保险监督管理机构意见后确定并公布。"第54条规定："已依照本条例第五十三条的规定投保船舶油污损害民事责任保险或者取得财务担保的中国籍船舶，其所有人应当持船舶国籍证书、船舶油污损害民事责任保险合同或者财务担保证明，向船籍港的海事管理机构申请办理船舶油污损害民事责任保险证书或者财务保证证书。"第73条规定："违反本条例的规定，船舶所有人有下列情形之一的，由海事管理机构责令改正，可以处5万元以下的罚款；拒不改正的，处5万元以上25万元以下的罚款：（一）在中华人民共和国管辖海域内航行的船舶，其所有人未按照规定投保船舶油污损害民事责任保险或者取得相应的财务担保的；（二）船舶所有人投保船舶油污损害民事责任保险或者取得的财务担保的额度低于《中华人民共和国海商法》、中华人民共和国缔结或者参加的有关国际条约规定的油污赔偿限额的。"

险人或者财务保证人提起诉讼，船舶油污损害责任保险人或者财务保证人可以对受损害人主张船舶所有人的抗辩。除船舶所有人故意造成油污损害外，船舶油污损害责任保险人或者财务保证人向受损害人主张其对船舶所有人的抗辩，人民法院不予支持。"[1] 第 21 条规定："对油轮装载持久性油类造成的油污损害，船舶所有人，或者船舶油污责任保险人、财务保证人主张责任限制的，应当设立油污损害赔偿责任限制基金。"同时其确立了我国海上强制责任保险关于责任限制基金的规定。[2]

2014 年交通运输部公布的《交通运输部公开行政审批事项目录》，确定了船舶油污损害民事责任保险证书或者财务保证证书核发属于交通运输部审批事项。由此，对于油污责任险，我国已经建立相应的、可谓国内最为典型的海上强制责任保险。

在政策方面，《国务院办公厅关于印发国家环境保护"十二五"规划重点工作部门分工方案的通知》提出了两点要求：第一，要在环境污染领域中建立较为完善的责任保险制度；第二，要在船舶运输领域重点防止污染问题。基于此两方面的要求，该通知也间接提出了在海上贸易中建立应对环境污染的海上责任保险制度。2014 年修订的《中华人民共和国环境保护法》第 52 条规定："国家鼓励投保环境污染责任保险。"[3] 其对污染责任保险提出了更为积极的要求，但是这种要求并不是强制的，也没有在其他海上保险领域中更明确地提出施行强制责任保险的要求。因此，在环境保护的领域，除了上述油污责任保险之外，还未有强制领域，或者说在各类海上污染事件中，油污污染最为常见。针对油污损害责任设置的强制责任保险，已基本涵盖了环境污染责任保险的主要功能，但对于其他类型的海上环境污染事件，目前相关立法仍有待完善。

2. 特种设备责任保险

2013 年颁布、2014 年实施的《中华人民共和国特种设备安全法》第 17 条规定："国家鼓励投保特种设备安全责任保险。"在地方性法规中，2003

---

[1] 详见《最高人民法院关于审理船舶油污损害赔偿纠纷案件若干问题的规定》（法释〔2011〕14 号）。

[2] 详见《最高人民法院关于审理船舶油污损害赔偿纠纷案件若干问题的规定》（法释〔2011〕14 号）。

[3] 《中华人民共和国环境保护法》，第 52 条。

年颁布的《浙江省特种设备安全管理条例》第 7 条规定："提倡特种设备使用单位办理第三者责任保险。"相应地，在海上贸易的领域，如果有特种设备的使用，也需要投保相应的责任保险。而且在实践当中，对于海上打捞、钻井、开采设施，已经有进行投保责任保险的先例。但是，这种投保并非强制，特种设备责任保险实际上属于政策性保险，而非强制保险。

3. 沉船打捞责任保险

在海上航行当中，对于沉船、沉物的打捞，虽然《中华人民共和国海洋环境保护法》（以下简称《海洋环境保护法》）、《中华人民共和国打捞沉船管理办法》、《中华人民共和国海上交通安全法》均规定了主管机关有强制进行打捞的职责，但仍然规定了费用需要由沉船、沉物事故中的责任人承担。然而，目前的规定却并没有要求沉船、沉物的所有人投保强制责任保险，对沉船、沉物的打捞目前并没有相应的强制责任保险。

4. 旅客运输责任保险

在旅客运输方面，虽然《2002 年雅典公约》规定，为保障旅客利益需投保强制责任保险，以保障公约规定的严格责任下的人身伤害能得到及时、迅速的赔付。但目前我国还未加入该公约。而《海商法》中关于海上旅客运输的规定仍与《1974 年雅典公约》保持一致，规定承运人在存在过失时才承担相应责任，并且设有相应的赔偿限额，所以，在旅客运输责任保险的领域，虽然有相应规定，但仍然属于传统的归责原则方式下的责任保险制度。

5. 危险品和有毒物质运输责任保险

在高度危险性物质运输方面，国际海事组织法律委员会于 2009 年在其总部伦敦召开会议，审议通过《1996 年国际海上危险品和有毒物质运输责任和损害赔偿公约》（即 1996 年 HNS 公约）的 2010 年议定书草案。尽管该公约在 1996 年就已经通过，但截至 2014 年，只有 13 个国家批准，距离其生效还有较大差距，而议定书草案的出台正是为了推动该公约的批准进程。我国至今尚未加入该公约。

（三）我国船东互助组织的实践：默许经营

中国船东互保协会（China Shipowners Mutual Assurance Association, CPI），即"中船保"，是由我国船东所组成的互助组织。通常情况下，船东或者租船人向协会提交入会申请书，经批准后由 CPI 签发入会证书。

在具体的运作制度上，会员每年支付一定的会费，CPI 依靠这些会费得以拥有足够的资金来支付该年度内所面临的索赔和其他费用。如果这些费用在该年度结束后尚有结余，将会被返还给会员，或者被保留，从而用于支付下年度可能面临的索赔。若该年度面临的索赔额过高而原费用不足以支付，则会员需要根据相应比例支付额外的费用。可以看出，CPI 的宗旨是为会员服务，不以营利为目的。换而言之，互保协会所提供保险并不属于商业保险，其并不以营利为目的，而是属于互助保险。

CPI 实际上是社团法人，根据《社团登记条例》的规定，在民政部注册登记，业务上由交通运输部指导。因此，CPI 同国内其他开展保险业务的保险公司在性质上完全不同。从理论上看，由于我国《保险法》第 6 条规定，保险业务由依照本法设立的保险公司以及法律、行政法规规定的其他保险组织经营，其他单位和个人不得经营保险业务，CPI 并没有获得法律或行政法规的认可。但是，CPI 开展的保险业务也得到了政府和立法者的许可。实际上，油污险在传统上一直由船东互保协会进行承保。因为国内船东互保协会数量有限，所以很多中资方便旗船的油污责任都由外国船东互保协会承保。

二、立法模式的改进：统一立法与示范合同的结合

（一）强制海上责任保险的立法模式实践效果的分析

在海上保险法的立法当中，MIA1906 迄今仍然是最具代表性也最具影响力的海上保险立法。起草该法案的 Mac Kenzie Dalzell Chalmers 公爵，在担任法律委员会（the Law Commission）主席时，为了该海上保险法的编纂，曾搜集了超过 2000 个案例加以分析，从而完成了这部具有罗马法特色的成文法典。该法自颁布后，立即成为海上保险立法中最为经典的范本，迅速为英美法系和大陆法系所借鉴。除此之外，法国在 1967 年所公布的第 67-522 号法及其附件 1968 第 68-64 号法律取代了 1807 年《法国商法典》中的海上保险规定，将船舶与海上保险的规定进一步与非海上保险法加以区隔。而其他国家的相关立法例，如澳大利亚的《1909—1966 年海上保险法》（Marine Insurance Act 1909-1966）、南非的《1997 年海上保险法草案》（Draft Marine

Insurance Act 1977)、加拿大的《1993年联邦海上保险法》(Federal Marine Insurance Act 1993)等,都采用单独直接订立海上保险特别法的立法模式。

大多数大陆法系国家,多采取将海上保险(包括责任保险)纳入一般保险法或者海商法,统一立法方式,从而将其作为适用的依据。比如,《德国商法典》在第10章规定了"海上保险";日本《商法典》第4编"海商"第6章"保险"专门对海上保险进行了专门规定;意大利则在《意大利航海法典》第2编第9部分规定了有关海上保险的问题;作为传统海上强国,荷兰则在《荷兰商法典》第8章规定了"对海上危险和被捕获风险的保险";而我国则在《海商法》第12章规定了"海上保险合同"。所以,从目前的立法例来看,虽然各国的具体立法体例仍有差别,但包括我国在内的大部分典型大陆法系国家,均将海上保险(包括海上责任保险)的规定统一纳入保险法或者海商法,这与英美法系国家相比具有较大的差别。然而相应地,在英美法系国家之间,也具有较高的相似性。一方面是因为英国作为海上保险的溯源地和最初的发达国家,对其他国家产生了重大影响;另一方面也体现了MIA1906作为法典的典型性和完备性。不论是对大陆法系还是对英美法系国家,该法典均拥有较大影响力。

然而,英国的MIA1906虽然影响力甚大,但是仍然主要反映了19世纪英国国力强盛时期国家海上保险的主要规则,这主要是基于以海上贸易的发展与先进的航海工业和处于垄断地位以及以政治力量为后盾的对外海运政策的支持。因此在这个背景下,这种海上保险立法主要反映的是对船舶所有人以及保险人利益的保护。在第二次世界大战之后,尤其是第三次科技革命之后,许多新兴的发展中国家的海上贸易事业发展迅速,尤其是亚洲的新兴国家,对海外贸易的需求也越来越重。2024年,我国外贸首次突破43万亿元大关,同比增长5%,连续8年保持货物贸易第一大国地位,港口的货物吞吐量也占据了世界第一的位置。因此,像我国这样的新兴贸易大国在国际贸易规则的建立中逐渐联合起来,对建立新的海上保险秩序提出了要求。

(二)我国强制海上责任保险立法模式的选择:统一立法

就立法模式而言,立法模式是否真的与某种具体法律制度的实施效果存在必然联系,这一点仍存在疑问,而这也是大陆法系与英美法系之间,以及不同国家之间争论最激烈的问题之一。就现有的研究结果来看,决定立法模式的因素更多是一国立法的传统、惯例和历史遗留问题。因此，本书认为，只要在制度上能够相互衔接，采取适合自己国家现状的立法模式是最好的选择。就现有保险制度的发展，更宜采取的模式为统一立法模式，并辅助以特别规定的体系。理由有以下几点。第一，我国目前已经基本采取该体系，于该体系上，立法方式已经适应，如果更改，则成本更大。第二，以国际趋势来看，英国保险法在2015年已经进行改革，其不仅成为海上保险的依据，更通过判例法成为陆上保险的主要依据。而我国本身已经制定《保险法》，如果仅采取单一立法的方式，并不能对海上和陆上保险产生较为显著的作用。第三，从法系发展趋势来看，大陆法系多采取统一立法的模式。其原因在于法典在大陆法系中占据着较为显著的地位。在统一立法的模式下，海上经营有更统一的法律可依循，也能够统一适用海商法中的有关规定，从而避免上位法适用不明确的问题。第四，由于海上责任保险发展极为迅速，一旦出现新的被认为可以施行强制责任保险的领域，就必须制定新的规则。而实行单独立法的模式，很容易导致立法的僵化。因此，在立法方案的选择上，不仅要注重国际化，还应当关注本国的基本情况。进一步而言，海上责任保险制度的国际化更应当被放在具体规则和内容上去落实，而非僵硬地照抄先进国家的立法经验。所以，不如在统一立法中作出基本规则的规定，在具体的领域另采取特别规定的方式，由此方可柔化立法，从而减少变革的成本。

（三）自愿海上责任保险制度的规制：示范合同的指引

从上文的讨论中可以看出，通过示范合同的指引，加上监管机关的作用，可以在相当大程度上推进商业责任保险市场上保险产品的改革。并且，我国在该类方式上也具有十分成熟的经验。因此，如果意图在自愿海上责任保险制度的市场上建立较为统一的规则和标准，通过保险监督管理部门推行，也足以达到类似于机动车保险领域中商业第三者责任险制度的效果。并且，从商业第三者责任险的实践中也可以发现，在这些进行示范合同指引的领域中，进行统一的费率改革也是可行的。因此，在强制海上责任保险之外，通过示范合同条款，当海上责任保险所面临的经营状况发生改变时，对其进行预先的、具有前瞻性的、及时的调整完全是可行的。因此，如果将自愿海上责任保险同样视为海上责任保险制度的重要组成部分，并认为有必要在一定程度上加以规制，那么，现有的示范合同的方式应当为最好的选择。

1. 示范条款拟定的主体

根据机动车商业第三者责任险、煤矿企业安全责任保险的立法经验，示范条款的设计通常由保险行业协会或其他具有沟通联络功能的社团组织，整合各主要的保险机构设计的保险条款，通过商议的方式，尽力扩大传统自愿商业保险条款的保障范围。示范条款制定后，还要通过制定示范条款的机构进行推广。本书认为，海上责任保险中示范条款的拟定，仍然需要由中国保险行业协会进行相应的组织。作为行业性组织，中国保险行业协会可以较好地沟通不同保险人之间的条款设计，能够较为顺利地推广相应的示范性条款，并保证成员遵守。

2. 示范条款的适用范围

示范条款的制定与推行是我国保险行业颇具特色的实践。由于我国保险法规定，对于强制性保险只有法律或行政法规才可以规定确立，而某些适用范围尚小或者有一定地域限制的险种，并不会被法律或行政法规列为立法优先考虑的对象。例如煤矿企业安全生产责任保险，由于煤炭原产地多集中在北方地区，因而并不具有在全国范围内普遍强制投保的必要。再如机动车商业第三者责任险，其订立示范条款的原因是，机动车交通事故责任强制保险虽然已经提供了基础性的保障，但在实际当中，这种基本保障有时仍然不能满足受害人的需要，并且先前的机动车商业第三者责任险在保障的范围和条款的平衡性上都对受害人或被保险人不利。此外，各保险人所拟定的商业第三者责任险在条款上规定不一，导致在适用上问题层出，司法上裁判不一。因而在保证费率负担不至于过重的前提下制定示范条款，可以在保障契约自由的同时，扩大保障范围。

由此可见，示范条款的适用范围，一则在于确保特定地域或行业内的保险产品仍然能够发挥其功能；二则在于在一定范围内统一保险市场，保障对某些适用范围较广的、相对重要的保险产品能够形成较为统一的、保障范围较广的条款。就海上责任保险而言，对于涉及环境污染等应该纳入强制责任保险范围的险种来说，在强制投保范围之外，由于仍有可能存在超出强制责任保险范围的责任，且这种责任涉及的范围较大，若保障范围不一，条款相互冲突（主要是保险竞合条款）就会造成受害人可能在求偿上遇到问题。因而，在强制责任保险范围外，仍然有加以统一的必要。此外，某些具有一定行业或地域特征的保险险种，不宜被纳入强制保险的范围，可通过示范项目的方式进行。如难民、海盗等问题相关的险种，由于可能遭遇此类风险的船只类型相对单一，因而不宜在广泛范围内推行强制投保。对此，可通过示范性条款予以统一。

第三节 海上责任保险制度规则设计的改革

从上述内容可见，我国海上责任保险制度仍存在需要完善之处。未来改革中，除了需考虑上述基本原则，还应注重具体规则的设计。在这些基本原则之下，如何制定符合我国实际情况的改革方案，将是海上责任保险制度面临的难题。对此，本书提出以下几方面的建议。

一、明确海上责任保险的法律地位

从总体来看，我国《海商法》关于海上保险的立法主要侧重于船舶险、货物险、运费险，但是海上责任保险的地位却远不及前述几种海上保险。[1] 经过本书前几章的论述可知，海上责任保险在当今贸易与航运市场上的地位越来越重要，不亚于船舶险和货运险。所以，关于海上保险的相关立法，它们所占立法篇幅的比例已经远不能代表其当今所处的地位，因此海上责任保险需要从立法上得到社会的重视，也应该从立法上完善我国的海上责任保险制度。[2]

鉴于本书主张采用统一立法模式推动我国海上责任保险制度改革，建议在修订《海商法》时，可在第12章中增设一节，命名为"海上责任保险规则"，通过这一方式实现我国海上责任保险制度的系统性立法革新。如此，不仅能进一步提高海上责任保险在我国的影响力，同时也能逐步推动航运业各方加强对责任保险的重视。

---

[1] 参见《中华人民共和国海商法》第218条第1款第6项。
[2] 参见胡正良《航运法专题研究》，上海浦江教育出版社2013版，第475页。

二、保赔保险的承认与监管

本书之前讨论到,船东互保协会的法律地位在我国的司法实践中引起了许多争议。船东互保协会一直以非营利性的民间独立组织的身份进行有关海上责任保险的法律活动,但是其法律地位并没有在《保险法》和《海商法》中获得承认。船东互保协会不属于《保险法》第 6 条下的"保险业经营者",所以按照此规定其本应没有资格从事经营保险业务。虽然在中国的司法实践中,保赔保险由《海商法》调整,但其管辖依据依然缺乏坚实的法律基础。[①]《海商法》作为特别法优先于作为普通法的《保险法》,但是在特别法未作规定的情形下,仍然需要适用《保险法》的相关规定。由于船东互保协会不属于《保险法》第 6 条下的保险业经营者,所以其在受《保险法》普遍管辖的问题上会受到阻碍,不利于海上责任保险制度的正常运行。

综上所述,鉴于船东互保协会在海上责任保险制度中的重要性和法律地位的特殊性,本书建议,在修订《海商法》时,可在第 12 章中增设"海上责任保险规则"一节,并在该节中加入条款,明确承认船东互保协会为合法的责任保险经营主体。如此,便能够从立法层面为《海商法》管辖和监管船东互保协会及与之订立的保赔保险合同提供坚实的法律依据。

三、强制责任保险规则的重新设计

(一)扩大强制保险的保障范围

前文中已经论述了目前我国强制保险制度的主要问题,其中之一即是保障范围单一与保障需求扩大趋势间的矛盾。现行强制保险制度的设立目的,主要在于应对船舶可能造成的海洋污染责任,而对于其他情形所引发的责任,尚无相关规定。而且,《海商法》中并未对强制保险作出规定,有关强制保险的内容大多见于我国签署的国际公约或其他国内立法中。

随着海上贸易的发展及航海技术的变更,新的责任形式也层出不穷。目前强制保险制度早已不适用当今新出现的责任形式,强制保险保障范围的扩

[①] 参见(2006)津海法商初字第 313-318 号。

大化势在必行。但是强制保险的设立必然会在一定程度上损坏相关被保险人自由支配财产的权利，而且还可能增加相关行业的市场准入成本，阻碍其发展态势。所以，在扩大海上强制保险保障范围时必须先审慎考察。

在考虑该项风险是否需要强制责任保险时，应该从其归责原则入手。在海上强制责任保险领域，应当遵循国际上一般强制保险的归责方法，强制保险保障的范围应当适用无过错归责原则，而非过错归责原则。对于与海上责任保险相关的风险，国际公约明显的趋势是在某些领域将强制保险责任与无过错责任结合起来，比如与航运有关的油污责任、危险品运输责任、残骸打捞责任以及旅客运输责任。[①] 以上例子中的相关海上责任皆是严格责任，涉及不特定的多数人的利益，并且可能对社会秩序造成危机，除此之外，也可能会给责任人带来难以估量的损失，这将大大超过其可以赔付的能力。继而，当责任人的赔付能力无法填补受害人的损失时，责任人往往可以通过破产来规避责任，于是就产生了如何对受害人进行全面保护的难题。显然，此时责任保险的强制化是极为重要的。[②] 但是，从强制责任保险的意义来看，其对受害人的保护更着重于对其所受伤害提供及时性的、基础性的保护。因此，在强制责任保险的事项上，多存在对其赔偿的项目进行限定的方式。例如，在机动车交通事故责任强制保险中，各国通常将财产保险和精神损害赔偿排除在强制责任保险的范围之外。而在海上责任保险中，由于其所涉及的范围较为多样，因此不能妄断其赔偿的项目。但根据其保护的重点，在赔偿项目中，应当将救助受害人人身方面所产生的赔偿责任放在优先位置。

为了能够更好地保护受害第三人的权益，充分发挥海上责任保险的功能，对于上述国际公约已认可的责任类型，建议在《海商法》中以列明强制责任保险的方式予以规定，将其作为从事海上相关行业的必要条件，并且结合概括式立法模式，即在列明风险后增设兜底条款。如此，一方面可以避免

---

① Ling Zhu, Xiuhua Pan, "Compulsory Insurance and Its Implications", *Lloyd's Maritime and Commercial Law Quarterly*, 2016. 参见《1969 年国际油污损害民事责任公约》《2001 年国际燃油污染损害民事责任公约》《1989 年关于道路、铁路和内陆航运船只运载危险物品引起损害的民事责任公约》《1996 年国际海上运输有毒有害物质损害责任和赔偿公约》《2007 年内罗毕国际船舶残骸清除公约》《2002 年雅典公约》。

② 参见周成建《责任保险的有关法律问题研究》，中国人民大学出版社 2004 年版，第 34 页。

挂一漏万，另一方面可以确保法律的确定性，无须待出现新的海上责任风险又制定新的法律予以规范。建议在修订《海商法》时，将上述法律条文纳入"海上责任保险规则"一节。

（二）设定海上强制责任保险最高限额模式

责任保险虽然具有经济上和公共效益上的合理性，但是这毕竟使船舶的所有人需要缴纳额外的保险费。保险学中的逆向选择理论很明显地表明，由于大多数船舶发生事故的概率较小，而支付较多的保险费意味着经营成本的提高，这显然是船舶的所有人不愿意看到的。而且，所有的成本都会被作为船舶所有人或运输人的运营成本，最终都会被转移到托运人或收货人、旅客的身上，货物运输的费用也终将被分摊给大众消费者。因此，如果将所有的风险都纳入强制责任保险的范围，替承运人承担所有的损失，这样显然会普遍增加保险费，一则有增加承运人乃至社会大众的经济负担之虞，二则有过分挤占原存商业市场利益之嫌。因此，从基本保障和商业自由两方面的考量出发，在一定范围内设置最高限额显然仍是应当遵循的方式。但是该限制的具体制定仍待在实践中考究和进行大量的学术研究。

四、完善自愿海上责任保险制度

虽然责任保险正逐渐强制化，但是自愿保险仍然需要被保留，不能完全被强制保险取代。相反，强制保险的适用范围需要被限制，因为并不是在每个领域内强制保险都是必要的，比如在双方地位均衡的情况下，完全可以由双方自由约定，不应在此时限制双方的契约自由。[①]另外，海上污染、海上旅客人身伤亡中的强制责任保险需要自愿责任保险作为补充。因为强制责任保险往往不仅受到适用范围的约束，还会受到赔偿金额的约束，对于保险赔偿不足以补偿受害人损失的部分，船舶所有人仍然可以让自愿责任保险分担损害赔偿责任。[②]

---

① 参见［美］乔治斯·迪翁、［美］斯科特·E.哈林顿《保险经济学》，王国军等译，中国人民大学出版社2005年版，第145页。

② 参见王成军《保险合同》，中国民主法制出版社2003年版，第45页。

因此，自愿海上责任保险和强制海上责任保险并非竞争关系。二者保障的风险标的不同；即使保障的风险标的相同，也可作为共保人共同承担保险责任。基于此，本书建议，在修订《海商法》时，可在"海上责任保险制度规则"一节中增设条款，明确保留自愿海上责任保险，并规定其责任风险可通过双方当事人约定或其他法律规定予以确定。除此之外，在同一法条下，还需要明确在同一个责任风险标的下，强制责任保险人、自愿责任保险人和船东互保协会可以共同承保。在此需要注意的是，以上述方式承保可能造成重复保险，但是目前在我国并没有法律明确海上责任保险存在重复保险的可能性。我国《保险法》第56条和《海商法》第225条均不能适用于责任保险中，本书建议，在"海上责任保险制度规则"一节中加入关于重复保险的赔偿规则。此处可以借鉴《海商法》第225条中的比例赔偿原则。

五、加强对受害人利益的直接保护

关于海上责任保险制度下效率与公平的博弈，实际影响着该制度中的第三人直接请求权制度。在讨论效率与公平时，不应将所有类型的海上责任保险一概而论，因为不同类型的责任保险有其特殊性。比如，强制海上责任保险制度下的承保风险涉及面广、损害利益重大，所以在该制度设计上更加注重的是公平，侧重于对受害第三人的利益保护；相反，自愿责任保险则不具有以上特征，所以在制度设计上往往更偏向于效率，目的是使其能够促进海上行业的发展。

因此，海上责任保险制度下的第三人直接请求权需要按照责任保险种类区别立法。在强制保险范围内，需要明确第三人的直接赔偿请求权；而对于自愿保险，由于一般涉及的被保险人责任比较轻，所以暂时没有必要设立直接请求权制度。

（一）强制责任保险中直接赔偿请求权的确认

如上文所述，由于责任保险终归是保险合同的一种，所以在理论上合同只能约束合同双方当事人。而对于第三人的请求，传统的合同理论认为，如合同未进行约定，并不能直接对合同当事人产生约束。至于被保险人与第三人之间的侵权关系，则属另外的关系。但是强制责任保险制度在法律上的局限性正体现在如何落实责任保险上。无论责任保险强制与否,保险合同中的条款都是由双方自由约定的,因此保险人为了维护自己利益,会在合同中规定一些"先行支付"或"不得诉讼"等类似条款,来防止受害人向其提起保险赔偿。[①] 这种问题已经在责任保险中显得尤为突出,大部分保险人都采取这种方式做出抗辩。强制责任保险制度变得形同虚设。[②]

在国际上也有应对此种困境的方法,比如《1969年国际油污损害民事责任公约》第7条规定的直接索赔制度,赋予受害第三人直接请求责任保险人承担损害赔偿责任的权利。这样的规定使得上述"先行支付"之类的规定失去效力,从而在真正意义上保护了受害第三人的利益。

根据我国目前的立法情况来看,行使对责任保险人的直接请求权的直接依据只出现在船舶油污领域,即《中华人民共和国海事诉讼特别程序法》第97条。除此之外,《海商法》第206条规定,责任保险被保险人可以依据本章规定享有限制赔偿责任的,对该海事赔偿请求承担责任的保险人,有权依照本章规定享受相同的赔偿责任限制。该条文设定的是责任保险人享有被保险人对受害第三人的抗辩权,从而暗示了受害第三人对责任保险人享有直接赔偿请求权。但目前没有相关司法解释对其进行确认。[③]

在责任保险保障范围呈扩张趋势的当下,目前的第三人直接请求权制度已经无法满足当前需求,需要在立法上明确在强制海上保险制度框架下,受害第三人对强制保险人享有直接赔偿请求权。本书建议,在对《海商法》进行修订时,可在"海上责任保险制度规则"中作出规定,当被保险人在强制海上责任保险下对第三人负有赔偿责任,且出现破产或丧失偿付能力等情形时,第三人可直接向其责任保险人请求赔偿。

(二)设立直接请求权下的披露机制

在上文中已经有关于披露义务的分析,并视之为第三人直接请求权制度的保障措施。第三人能否成功向责任保险人行使其直接赔偿请求权,在一定

---

① 参见司玉琢《海商法专题研究》,大连海事大学出版社2002年版,第39页。

② Gary T. Schwartz, "Auto No-Fault and First-Party Insurance: Advantages and Problems", *Southern California Law Review*, 2000, 73.

③ 参见李正平、王鑫《关于赋予第三人对船东保赔协会赔偿请求权问题探析》,载《中国海商法研究》2012年第4期,第72-76页。

程度上取决于被保险人是否向第三人披露该责任保险下的相关信息,所以被保险人对第三人的披露义务极其重要。

本书建议,可借鉴英国《2010年第三人权利法》的信息披露机制。在修订《海商法》时,可在"海上责任保险制度规则"一节中明确责任保险被保险人在第三人行使直接请求权时需要履行披露与该责任保险有关重要信息的义务。信息披露的内容包括了责任保险合同的具体内容:保险人的基本信息、赔偿额度和条件的条款约定、诉讼程序和费用的承担以及被保险人和保险人除外责任承担的问题。同时,被保险人履行信息披露的义务应于收到披露要求通知的28日内做出,若有特殊情况存在,应向第三人说明理由并在经得第三人同意的情况下延期履行义务。

结束语

从我国相关的海上保险制度实践来看，海上责任保险制度的功能与作用还没有得到充分发挥。海上责任保险制度作为现代海上保险制度中最为重要的组成部分，应发挥及时分散风险、保护船东和货主利益的传统功能，还应体现出及时救助社会大众、保护海洋环境、降低海洋运输风险的现代功能。因此，海上责任保险制度的完善极其重要。从海上责任保险的性质可以发现，海上责任保险既具有传统责任保险的特征，也具有海上保险的特征，这使得海上责任保险在发展中不仅面临着传统责任保险所固有的问题，还要应对随着海上事故危险性增加而日益严重的新问题。

从国际海上责任保险的发展趋势来看，海上责任保险制度的发展使其逐渐成为海上风险最重要的分散机制，而海上风险的巨额性、严重性和国际性，要求海上责任保险必须能够及时、充分、有效地应对可能出现的损失。从域外典型国家晚近以来的改革可见，海上责任保险呈现保险限额提高、保障范围扩张、保险形式强制化及直接请求权制度确认的主要发展趋势。但在不同的国家，其发展趋势亦有不同。对于我国而言，并不能完全单一照搬某国经验。"我国向来重视海商法的国际性，虽然对国际性的理解会有偏差，但是从目前的形势来看，矛盾的主要方面已经从国际性转向了本土性，集中体现在'舶来'的法律不能完全满足本土商业实践的需求。"[①] 尽管我国的海上保险法中规定了责任保险制度，但我国国民经济发展水平和国际法律环境等已经发生巨大、深刻的变化，故而有必要随着形势的发展不断完善海上责任保险制度。

首先，建议修改我国《海商法》相关规定的原则。适当修改法律，尽量维持法律稳定的原则。对于法律的规定只作适当修改即可，在一定程度上维护法律的稳定性。对海上保险责任制度进行改革应从本土资源中寻找依据，

---

① 郭瑜：《海商法的精神——中国的实践与理论》，北京大学出版社 2005 年版，第 57 页。

只有符合我国航运实践需要的相关规定才能获得长久的生命力。法律的"国际性"不等于"世界性",任何国家的法律都应成为整体,互相配合,在形式和内容上形成有机联系的统一整体。[①] 海上责任保险制度本身在我国已经形成了基本的框架,这种框架和我国中央与地方的关系颇为吻合,但该种框架可能带来一些问题。对此,有必要在上位法中作出强制性规定。从海上责任保险的专业性来看,《海商法》应该更有条件承担该项任务。

其次,为了完善我国海上责任保险制度,本书提出以下建议。为了维持法律的稳定性,应坚持《保险法》一般法地位,《海商法》在完善我国海上责任保险制度时总的原则是"可改可不改的尽量不改,尽可能弥补规则的空白"。参照典型国家的立法发展趋势完善我国海上责任保险制度,以现行立法规定为基础适当增加其内容,由合同条款而不是法律制度来实现保险人的相关意愿,是一种比较恰当和适宜的做法。可以将因果关系纳入其中,完善我国的海上责任保险制度。

最后,海上责任保险制度的完善并不能仅依靠国内法的完善。参与国际协议并与他国开展合作,也是建立海上责任保险制度的重要方式。若海上责任保险制度要解决海上事故对其他国家造成的损害问题,就必须借助国际协议的统一规范,以及明确损害认定标准。因此,海上责任保险制度的完善并不仅是简单的权利义务结构的明确或政策化目标的实现,还需要依靠各国间的合作,才能更好地发挥海上责任保险应有的现代化功能。

---

① 参见朱力宇、张曙光《立法学》,中国人民大学出版社 2009 年版,第 63 页。

参考文献

一、著作类

[1] 曹建明、陈治东主编：《国际经济法专论》（第二卷），法律出版社，2000年。

[2] 陈彩稚：《财产与责任保险》，台湾智胜文化出版社，2006年。

[3] 陈云中：《保险学》，台湾五南图书出版有限公司，2009年。

[4] 樊启荣：《保险法》，北京大学出版社，2011年。

[5] 樊启荣：《保险法诸问题与新展望》，法律出版社，2015年。

[6] 桂裕：《保险法论》，台湾三民书局，1981年。

[7] 郭寿康、韩立余：《国际贸易法》，中国人民大学出版社，2014年。

[8] 韩长印、韩永强：《保险法新论》，中国政法大学出版社，2010年。

[9] 江朝国：《保险法基础理论》，中国政法大学出版社，2003年。

[10] 江朝国：《保险法逐条释义（第一卷总则）》，台湾元照出版有限公司，2012年。

[11] 江平：《中华人民共和国合同法精解》，中国政法大学出版社，2010年。

[12] 兰虹：《财产与责任保险》，西南财经大学出版社，2013年。

[13] 黎建飞：《保险法新论》，北京大学出版社，2014年。

[14] 李加明：《财产与责任保险》，北京大学出版社，2012年。

[15] 李建江：《中国近代海商法》，中国政法大学出版社，2015年。

[16] 李政明、贾林青：《海上保险合同的原理与实务》，中国政法大学出版社，1994年。

[17] 林群弼：《保险法论》，台湾三民书局 2006年。

[18] 刘宗荣：《新保险法：保险契约法的理论与实务》，台湾翰芦图书出版有限公司，2007年。

[19] 罗忆松：《海商法》，中国法制出版社，2012年。

［20］马永伟：《各国保险法规制度对比研究》，中国金融出版社，2012年。

［21］沈宗灵主编，张文显副主编：《法理学》（第二版），高等教育出版社，2009年。

［22］司玉琢：《海商法》，法律出版社，2012年。

［23］孙宏涛：《保险合同法精解》，法律出版社，2014年。

［24］孙积禄：《保险法原理》，中国政法大学出版社，2013年。

［25］王传丽主编：《国际经济法》，法律出版社，2005年。

［26］王海明：《船舶保险理论实务与经营管理》，大连海事大学出版社，2006年。

［27］王海艳：《保险法》，立信会计出版社，2007年。

［28］王利明：《民法》，中国人民大学出版社，2015年。

［29］王利明：《民法学》，法律出版社，2015年。

［30］王雨静：《保险合同法律问题研究》，中国政法大学出版社，2014年。

［31］王泽鉴：《民法学说与判例研究》（第五册），中国政法大学出版社，2009年。

［32］王泽鉴：《民法学说与判例研究》（第一册），中国政法大学出版社，2009年。

［33］王泽鉴：《侵权行为》，北京大学出版社，2009年。

［34］王泽鉴：《债法原理》（第二版），北京大学出版社，2013年。

［35］魏华林、林宝清：《保险学》，高等教育出版社，1999年。

［36］吴汉东、陈小君：《民法学》，法律出版社，2013年。

［37］吴荣清：《财产保险概要》，台湾三民书局，1992年。

［38］信春鹰主编：《〈中华人民共和国保险法〉释义》，法律出版社，2010年。

［39］许崇苗、李利：《保险合同法理论与实务》，法律出版社，2002年。

［40］许飞琼：《财产保险》（第五版），中国金融出版社，2015年。

［41］杨立新：《侵权责任法》，北京大学出版社，2014年。

［42］杨良宜、汪鹏南：《英国海上保险条款详论》，大连海事大学出版社，2012年。

［43］杨良宜：《国际商务游戏规则：英国合约法》，大连海事大学出版社，2003年。

[44] 杨召南、徐国平、李文湘：《海上保险法》，法律出版社，2009年。

[45] 杨桢：《英美契约法论》（修订版），北京大学出版社，2007年。

[46] 应世昌：《船舶保险：中英条款比较研究》，上海财经大学出版社，1999年。

[47] 应世昌：《海上保险学》，上海财经大学出版社，2006年。

[48] 袁发强：《海商法案例教程》，北京大学出版社，2012年。

[49] 袁建华：《海上保险原理与实务》，西南财经大学出版社，2014年。

[50] 张丽娜：《海上侵权法律制度研究》，吉林大学出版社，2009年。

[51] 张丽英：《海商法》，中国政法大学出版社，2011年。

[52] 张新平：《海商法》（第4版），台湾五南图书出版有限公司，2010年。

[53] 张忠晔：《各国和各地区海商法比较》，人民交通出版社，2004年。

[54] 邹海林：《保险法教程》，首都经济贸易大学出版社，2002年。

[55] 邹海林：《中华人民共和国保险法释义》，中国检察出版社，2005年。

二、论文类

[1] 安丰明：《船东保赔协会法律制度研究》，西南政法大学2004年博士学位论文。

[2] 安丰明：《从互助到保障和赔偿：船东保赔协会演变研究》，《现代法学》2003年第10期。

[3] 仓明：《法律价值的动态运动及功能》，《前沿》2003年第1期。

[4] 陈定安：《联运保赔协会简介》，《集装箱化》1999年第3期。

[5] 陈飞：《责任保险与侵权法立法》，《法学论坛》2009年第1期。

[6] 陈继平：《保险、保赔与船级社》，《中国船检》2004年第6期。

[7] 陈小曼：《海事赔偿责任限制制度研究》，西南政法大学2012年博士学位论文。

[8] 初北平、曹兴国：《变革中的海上保险合同诉讼时效再审视》，《法学杂志》2014年第11期。

[9] 初北平、曹兴国：《海上保险及其立法起源考》，《中国海商法研究》2013年第4期。

[10] 初北平：《船舶保险条款研究》，大连海事大学2008年博士学位论文。

［11］邓晗:《〈保险法〉及其司法解释对海上保险的影响:以海上保险主体的多元化为视角》,《学理论》2014年第2期。

［12］邓瑞平:《船舶侵权损害赔偿的困境与出路》,《现代法学》1998年第5期。

［13］杜逸冬:《英美责任保险发展对我国的启示》,《北方经济》2014年第9期。

［14］傅国民、叶红军:《〈2002年海上旅客及其行李运输雅典公约〉介绍》,《中国海商法年刊》2002年第13卷。

［15］傅廷中:《海上保险保证制度的过去、现在与未来》,《中国海商法研究》2013年第4期。

［16］葛延珉:《海上保险法最大诚信原则研究》,大连海事大学2004年博士学位论文。

［17］龚婕:《"光达轮"船东责任险纠纷案》,广州海事法院网站(http://www.gzhsfy.org/shownews.php?id=2682)。

［18］郭红岩:《"船王求偿案"评析》,《中国法学》2014年第6期。

［19］胡正良等:《中国加入〈海事赔偿责任限制公约〉问题研究》,《海大法律评论》2008年第3期。

［20］贾逸鸥:《关于海上货物运输保险人代位求偿权问题的几点思考》,《中国保险》2013年第2期。

［21］姜南:《论责任保险的第三人利益属性:解析新〈保险法〉第六十五条》,《保险研究》2009年第12期。

［22］黎江毅:《保险产品创新的社会责任导向》,《中国保险》2008年第2期。

［23］李凤宁:《海上责任保险的立法趋势与展望》,《保险研究》2007年第4期。

［24］李凤宁:《我国海上责任保险的立法完善研究》,《广州大学学报(社会科学版)》2007年第3期。

［25］李天生:《国际海上承运人责任基础历史演进及启示:海上特殊风险与产业利益的双重流变》,《河北法学》2013年第2期。

［26］李正平、王鑫:《关于赋予第三人对船东保赔协会赔偿请求权问题探析》,《中国海商法研究》2012年第4期。

［27］梁慧星：《关于修复〈中华人民共和国海商法〉的建议》，中国法学网（http://iolaw.cssn.cn/xzxz/201003/t20100312_4605445.shtml）。

［28］林春红：《第三人对船东互保协会的直接诉讼制度研究》，厦门大学2006年硕士学位论文。

［29］林大鹏：《幕后力量：船东互保协会与海难救助制度的发展》，《世界海运》2001年第4期。

［30］刘杨：《〈北欧海上保险计划〉之投保人与被保险人义务研究：兼谈我国〈海商法〉相关规定的完善》，大连海事大学2014年硕士学位论文。

［31］罗家祥：《浅谈船舶碰撞事故原因及预防措施》，《珠江水运》2010年第3期。

［32］马宁：《保险法如实告知义务的制度重构》，《政治与法律》2014年第1期。

［33］马炎秋：《论第三人对责任保险人的直接诉讼权》，《中国海洋大学学报（社会科学版）》2005年第1期。

［34］孟于群：《无船承运人风险及防控》，中国远洋航务网站（http://www.maritime-china.com/hsfl/287263.htm）。

［35］王海波：《论中国海上保险法与一般保险法之协调》，复旦大学2012年博士学位论文。

［36］王欣：《新〈保险法〉对海上保险合同法律制度的影响》，《大连理工大学学报》2011年第2期。

［37］夏元军、李群：《海上责任保险人责任限制模式选择》，《中国海洋大学学报（社会科学版）》2011年第6期。

［38］肖海军：《论保险代理行为的法律效力与责任归属》，《财经理论与实践》2005年第2期。

［39］肖和保、杨佳媚：《论保险合同之射幸性：兼评保险合同免责条款的正当性》，《财经理论与实践》2008年第1期。

［40］许顺光：《海盗及海上保险中的可保风险》，《中国远洋航务》2013年第1期。

［41］姚新超：《船舶碰撞中的责任保险》，《世界海运》2005年第5期。

［42］仪喜峰、林璐瑶：《论海上保险代位求偿权》，《上海海事大学学报》

2012年第3期。

［43］于华钦、熊勇：《完善我国海商法中保证制度的思考》,《政法论丛》2005年第1期。

［44］余筱兰：《我国海上保险立法的未决问题》,《内江师范学院学报》2015年第3期。

［45］袁付娜：《海上保险诉讼时效相关问题探究》,《黑龙江省政法管理干部学院学报》2014年第4期。

［46］张金蕾：《新〈保险法〉适用下我国海上保险制度的应对》,《苏州大学学报（哲学社会科学版）》2014年第3期。

［47］张瑞纲、许谨良：《责任保险的道德风险研究：基于博弈论视角》,《保险职业学院学报》2013年第3期。

［48］张湘兰、李凤宁：《海上责任法基础理论问题研究》,《武大国际法评论》,2006年第1期。

［49］张智勇、许绯：《关于海上保险合同法修订的思考》,《中国海商法研究》2014年第3期。

［50］郑文姣：《浅议海上责任保险第三人请求权的行使条件》,《广东海洋大学学报》2009年第2期。

［51］朱作贤：《论船舶融资面临的海上保险法律难题：中国法的缺失及完善》,《河北法学》2014年第1期。

三、译著类

［1］［德］K.茨威格特、H.克茨：《比较法总论》,潘汉典、米健、高鸿钧等译,贵州人民出版社,1992年。

［2］［德］KarlLarenz：《法学方法论》,陈爱娥译,台湾五南图书出版有限公司,1996年。

［3］［德］格哈德·瓦格纳编著：《比较法视野下的侵权法与责任保险》,魏磊杰、王之洲、朱森译,中国法制出版社,2012年。

［4］［德］汉斯－贝恩德·舍费尔、克劳斯·奥特：《民法的经济分析》,江清云、杜涛译,法律出版社,2009年。

［5］［德］克里斯蒂安·冯·巴尔：《欧洲比较侵权行为法》（上卷）,张

新宝译，法律出版社，2004年。

［6］［法］勒内·达维德：《当代主要法律体系》，上海译文出版社，1984年。

［7］［加］威廉·台特雷：《国际海商法》，法律出版社，2005年。

［8］［美］G.吉尔摩、C.L.布莱克：《海商法》，杨召南、毛俊纯、王君粹译，中国大百科全书出版社，2000年。

［9］［美］P.S.阿狄亚：《合同法导论》，法律出版社，2002年。

［10］［美］埃米特·J.沃恩、特丽莎·M.沃恩：《危险原理与保险》，张洪涛等译，中国人民大学出版社，2002年。

［11］［美］波斯纳：《法律的经济分析》，蒋兆康译，中国大百科全书出版社，2012年。

［12］［美］劳伦斯·索伦：《法律词汇》，王峰皞译，中国政法大学出版社，2010年。

［13］［美］缪里尔·L.克劳福特：《人寿与健康保险》（第8版），周伏平、金海军等译，经济科学出版社，2000年。

［14］［美］特瑞斯·普雷切特等：《风险管理与保险》，孙祁祥等译，中国社会科学出版社，1998年。

［15］［美］小罗伯特·H.杰瑞、道格拉斯·R.里士满：《美国保险法精解》，李之彦译，北京大学出版社，2009年。

［16］［美］约翰·F.道斌：《美国保险法》，梁鹏译，法律出版社，2008年。

［17］［日］英野星一：《日本民法概论Ⅳ》，姚荣涛译，台湾五南图书出版公司，1999年。

［18］［英］A.G.盖斯特：《英国合同法与案例》，张文镇、孙蕴珠、鲍忠汉等译，中国大百科全书出版社，1998年。

［19］［英］Malcolm A.Clarke：《保险合同法》，何美欢、吴志攀等译，北京大学出版社，2002年。

［20］［英］哈罗德·A.特纳：《海上保险原理》，李学峰、徐韦、李建智等译，中国金融出版社，1987年。

［21］徐卓英译：《英国〈1906年海上保险法〉》，对外贸易出版社，1988年。

四、英文类

[1] Barnes, Brian. "Against Insurance Rescission." *Yale Law Journal*, 2010, 120(2): 328.

[2] Baron, Roger M. "Subrogation: A Pandora's Box Awaiting Closure." *South Dakota Law Review*, 1996, 41: 237–263.

[3] Bennett, Howard N. *The Law of Marine Insurance*. Clarendon Press, 2006.

[4] Birds, John. *Birds' Modern Insurance Law* (7th edition). Sweet & Maxwell, 2007.

[5] Botes, Johan Hendrik. *From Good Faith to Utmost Good Faith in Marine Insurance*. Peter Lang, 2006.

[6] Clarke, Malcolm A. *The Law of Insurance Contracts* (4th edition). LLP, 2002.

[7] Clarke, Malcolm A. *The Law of Insurance Contracts*. Lloyd's of London Press, 1997.

[8] Collins, David M. "Marine Insurance Fraud: Sinking Ships in a Falling Market." *Malabu: Maritime Law Bulletin*, 2011, 2(2): 11–15.

[9] Deloria, Vine. *Of Utmost Good Faith*. Straight Arrow Books, 1971.

[10] Derham, S. R. *Subrogation in Insurance Law*. The Law Book Company Limited, 1985.

[11] Derrington, S. C. *Australia: Perspectives and Permutations on the Law of Marine Insurance*, LLP, 2002.

[12] Dover, Victor, and Brown, Robert Henry. *A Handbook to Marine Insurance: Being a Textbook of the History: Law and Practice of an Integral Part of Commerce for the Business Man and the Student*. Witherby, Limited, 1975.

[13] Eggers, Peter MacDonald, Picken, Simon, and Foss, Patrick. *Good Faith and Insurance Contracts* (2nd edition). LLP, 2004.

[14] Fischer, James M. "Why Are Insurance Contracts Subject to Special Rules of Interpretation: Text versus Context." *Arizona State Law Journal*, 1992, 24(3): 995–1068.

[15] Forrest, Booth. "Marine Insurance, Jurisdiction and Piracy: Threats Foreign and Domestic." *U.S.F. Maritime Law Journal*, 2012, 25(1): 37–92.

[16] Gilman, Jonathan, and Merkin, Robert. *Arnold's Law of Marine Insurance and Average* (First supplement to 17th edition). Sweet & Maxwell, 2008.

[17] Gold, Edgar. *Gard Handbook on P&I Insurance* (5th edition). Gard-gjensidig, 2002.

[18] Gotthard, Gauci. "Piracy and Its Legal Problems: With Specific Reference to the English Law of Marine Insurance." *Journal of Maritime Law and Commerce*, 2010, 41(4): 541–560.

[19] Graham, Douds. "Insurable Interest in English Marine Insurance Law: Do We Still Need It?" *U.S.F. Maritime Law Journal* 2012, 25(2): 323–340.

[20] Greenblatt, Jeffrey A. "Insurance and Subrogation: When the Pie Isn't Big Enough, Who Eat Last?" *University of Chicago Law Review*, 1997, 64: 1337.

[21] Griggs, Patrick, Williams, Richard, and Farr, Jeremy. *Limitation of Liability for Maritime Claims*. Informs Professional, 2005.

[22] Hazelwood, Steven J. *P&I Clubs: Law and Practice* (3rd edition). LLP, 2000.

[23] Healy, Nicholas J. "The International Convention on Civil Liability for Oil Pollution Damage, 1969." *Journal of Maritime Law and Commerce*, 1970, 2: 317–323.

[24] Hodges, Susan. *The Law of Marine Insurance*. Cavendish Publishing Limited, 1996.

[25] Hodgin, Ray. *Insurance Contracts: Text and Materials* (2nd edition). Cavendish Publishing Limited, 2002.

[26] Hoffman, Willam C. "Common Law of Reinsurance Loss Settlement Clauses." *Tort & Insurance Law Journal*, 1993, 28(4): 659–710.

[27] Huybrechts, Marc. *Comparative Marine Insurance Law: Highlighting the Significant Features of Marine Insurance Law in Belgium and Other Selected European Legal Systems*, Informa, 2006.

[28] Ivarmy, E. R. Hardy. *Marine Insurance* (4th edition). Butterworths, 2005.

[29] Jing, Zhen. "Insured's Duty of Disclosure and Test of Materiality in Marine and Non-marine Insurance Laws in China." *Journal of Business Law*, 2006, 681–704.

[30] John, Nicholas Legh, Birds, John, and Owen, David. *MacGillivray on*

Insurance Law（11th edition）. Sweet & Maxwell, 2008.

［31］ Keeton, Robert E. "Insurance Law Rights at Variance with Policy Provision." *Harvard Law Review*, 1970, 83（6）: 1281–1322.

［32］ Keeton, Robert E. *Basic Text on Insurance Law*. West Publishing Company, 1971.

［33］ Li, Kevin X., Fu, Tingzhong, Zhu, Ling, et al. "Marine Insurance Law in China." *Tulane Maritime Law Journal*, 2008, 32（2）: 425–456.

［34］ Longmore, Andrew. "Good Faith and Breach of Warranty: Are We Moving Forwards or Backwards?" *Lloyd's Maritime and Commercial Law Quarterly*, 2004, 2: 158–171.

［35］ Lund, Haakon Stang. "Comparative Lessons Derivable from the Norwegian Marine Insurance Plan 1996." *Marine Insurance: the Law in Transition*, Informa, 2006, 181–192.

［36］ Merkin, Robert. "Reforming Insurance Law: Is There a Case for Reverse Transportation? A Report for the English and Scottish Law Commissions on the Australian Experience of Insurance Law Reform." *Law Commission Scottish Law Commission*, 2006, 14: 1–105.

［37］ Merkin, Robert. *Insurance Law-An Introduction*. Informa, 2007.

［38］ Merkin, Robert. *Marine Insurance Legislation*. LLP, 2000.

［39］ Miller, David S. "Insurance as Contract: The Argument for Abandoning the Ambiguity Doctrine." *Columbia Law Review*, 1988, 88（8）: 1849–1872.

［40］ Noussia, Kyriaki. "Insurable Interest in Marine Insurance Contracts: Modern Commercial Needs Versus Tradition." *Journal of Maritime Law and Commerce*, 2008, 39（1）: 81–96.

［41］ O'Neill, P. T., and Woloniecki, J. W. *The Law of Reinsurance in England and Bermuda*. Sweet & Maxwell, 1998.

［42］ Parker, Johnny. "Replacement Cost Coverage: A Legal Primer." *Wake Forest Law Review*, 1999, 34（2）: 295–332.

［43］ Parks, Alex Leon. *The Law and Practice of Marine Insurance and Average*. Cornell Maritime Press, 1987.

［44］ Phillips, Nevil, and Craig, Nicholas. *Merchant Shipping Act 1995*. Informa

Pub, 2001.

［45］ Rose, F. D. *Marine Insurance: Law and Practice*. LLP, 2004.

［46］ Schoenbaum, Thomas J. "The Duty of Utmost Good Faith in Marine Insurance Law: A Comparative Analysis of American and English Law." *Journal of Maritime Law and Commerce*, 1998, 29(1): 1–40.

［47］ Schoenbaum, Thomas J. "Warranties in the Law of Marine Insurance: Some Suggestions for Reform of English and American Law." *Tulane Maritime Law Journal*, 1999, 23(2): 267–316.

［48］ Schoenbaum, Thomas J. *Admiralty and Maritime Law*. West Publishing Company, 2001.

［49］ Schoenbaum, Thomas J. *Key Divergences Between English and American Law of Marine Insurance: A Comparative Study*. Cornell Maritime Press, 1999.

［50］ Soyer, Baris. *Warranties in Marine Insurance* (1st edition). Cavendish Publishing Limited, 2011.

［51］ Soyer, Baris. *Warranties in Marine Insurance* (2nd edition). Cavendish Publishing Limited, 2006.

［52］ Strathy, George R., and Moore, George C. *The Law and Practice of Marine Insurance in Canada*. LexisNexis Canada Inc., 2013.

［53］ Struckhoff, Jeffery B. "The Irony of Uberrimae Fidei: Bad Faith Practices in Marine Insurance." *Tulane Maritime Law Journal*, 2005, 29(2): 287–312.

［54］ Tarr, A. A. *Australian Insurance Law*. The Law Book Company Limited, 1987.

［55］ Tarr, A. A, and Tarr, J. R. "The Insured's Non-disclosure in the Formation of Insurance Contract: A Comparative Perspective." *International and Comparative Law Quarterly*, 2010, 50(3): 577–612.

［56］ Tarr, Julie-Anne. *Disclosure and Concealment in Consumer Insurance Contracts*. Cavendish Publishing Limited, 2012.

［57］ Zhen, Jing. "Insurer Beware - Circumstances in Which the Insurer May Lose His Subrogation Rights in Marine Insurance." *Journal of Maritime Law and Commerce*, 2012, 43(1): 129–154.

［58］ Zhu, Ling, and Pan, Xiuhua. "Compulsory Insurance and Its Implications." *Lloyd's Maritime and Commercial Law Quarterly*, 2016, 563–576.